U0904990

袁隆平谈人生

袁　妲□编著

長春出版社
国 家 一 级 出 版 社
全国百佳图书出版单位

图书在版编目（CIP）数据

袁隆平谈人生 / 袁妲编著. -- 长春 : 长春出版社, 2012.1（2021.11重印）

ISBN 978-7-5445-1994-6

Ⅰ. ①袁… Ⅱ. ①袁… Ⅲ. ①袁隆平 – 人生哲学 – 通俗读物 Ⅳ. ①B821-49

中国版本图书馆CIP数据核字(2011)第223856号

袁隆平谈人生

编　　著：袁　妲
责任编辑：张中良
封面设计：尹小光

出版发行：长春出版社　　总编室电话：0431-88563443
地　　址：吉林省长春市长春大街309号　　发行部电话：0431-88561180
邮　　编：130041
网　　址：www.cccbs.net
制　　版：吉林省久慧文化有限公司
印　　刷：吉林省优视印务有限公司
经　　销：新华书店

开　　本：787毫米 × 1092毫米　1/16
字　　数：196千字
印　　张：11.75
版 印 次：2021年11月第1版第2次印刷
定　　价：36.00元

序

邓湘子

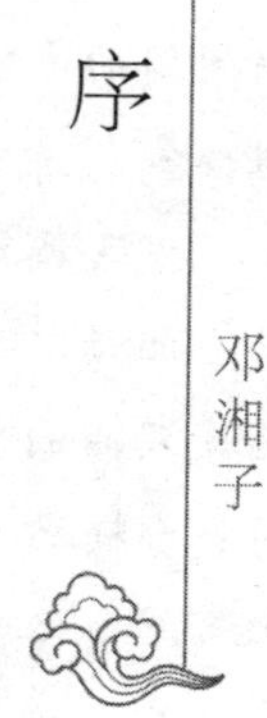

随着经济的快速发展，中国城市化进程日新月异，人们的目光更多地投向热闹的都市，年轻人更多地关注时尚的生活。有一位年轻人却把关注的目光投向了与广阔的农村、与古老的农业密切联系的袁隆平院士。《袁隆平谈人生》这本书，正是这位80后年轻人怀着好奇之心，带着崇敬之情，走近袁隆平院士，解读袁隆平院士，而得到的一个美好成果。

袁隆平院士从发现一株野生的“天然杂交稻”开始，寻找到“雄性不育株”，在社会动荡的年代潜心科研，运用科技手段为人类寻找战胜饥饿的办法。杂交水稻研究是世界性的科研难题，袁先生扎根田野不断实践，不断调整思路，克服了一个个难以想象的困难。“三系”杂交稻成功后，他以不断创新的激情、勇气和灵感，勇于否定自己，不断地超越自己，把探索推向一个又一个新的境界，从而走在世界的前列。他数十年如一日，把绿色的梦想写在广袤的大地上，创造了令世人惊喜的奇迹，为世界带来了福音。

我有幸走近袁隆平先生，参与《禾下乘凉梦——袁隆平传》和《不再饥饿——世界的袁隆平》两部书的写作。袁先生百折不挠地坚持科研的精神令我感奋，杂交水稻技术不断创新的神奇领域让我着迷。

我从事教育期刊编辑工作，采访和研究袁先生的人生经历与科研生涯，从中获得了关于教育的全新理解和全新思考。袁先生在接受采访的过程中，多次提到“发现”这个词，如在科研过程中不断地发现问题，积极地发现解决问题的办法，发现新的研究方向。我感悟到“发现”对于人的心灵成长与生命创造的重要价值，从这一角度尝试观察生命成长与教育教学，提出了“发现阅读”与“发现作文”的研究课题，提倡中小学生“用发现的眼光去阅读”“用发现的眼光写作文”“用发现的眼光去学习”。我与袁先生谈及我的教育感悟，他欣然题写“倡导发现教育，培养创新精神”的题词给予鼓励。

我由此深深地体会到，从事不同职业的人解读袁先生，不同年龄阶段的人解读袁先生，都会得到奇妙的感悟和美好的启迪。用年轻一代的观念和眼光，来观察和解读袁隆平先生，是新鲜而美妙的一个角度。《袁隆平谈人生》的年轻作者抓住袁先生的自述言语，展示袁先生走得坚实而开阔的人生之路，领悟袁先生的人生经历与科研生涯带来的智慧启迪。

在年轻作者的眼光里，袁先生如此朴素、执着、智慧。他成长在大都市，却自动跳进“农门”，数十载风雨无阻，一辈子无怨无悔，像农民一样扎根田间地头。他在科研道路上经历的艰难和困苦，是现在的年轻人所无法想象的。袁先生克服了各种阻碍与难题，全凭敢于尝试勇于创新的科学精神和不达目标不罢休的执着精神。杂交水稻的伟大成就，是在失败和挫折中崛起的辉煌。面对失败和挫折，袁先生从不低头，坚忍不拔，愈挫愈奋。事业成功之后，他坚守本职岗位和本色人生，生活简朴，锐意进取，引领世界杂交水稻技术发展的方向。他热爱生活，乐观爽朗，思维敏捷，充满活力。

在年轻作者的笔下，袁隆平院士那么时尚、幽默，亲切感性，可感可触。作者以生动的语言展示出来的袁隆平院士，是年轻人敬仰的著名科学家，更是年轻人生活中和事业上的导师和朋友。袁隆平院士的科研成果已经为人类创造了巨大的物质财富，我们相信，袁先生的人生智慧更是年轻一代的宝贵精神财富。

目录

MU LU

一 谈童年生活

母亲的性情影响了我一辈子

袁隆平出身于书香门第。

在战火纷飞的年代，纵使四处漂泊，父母一直坚持将他送到学校读书。

母亲华静从小饱读诗书，是一位聪慧优雅的美貌女子。

袁隆平自幼耳濡目染母亲的淳厚达观。华静给孩子讲故事，带他们去郊外，大声颂唱英文歌……她用自己独特的方式宠爱着年幼时百般淘气的袁隆平，用博大的爱包容着他全部的天性。

惠特曼的诗中说，一个孩子向前走去，他遇到的东西就变成身体的一部分。

孩提时的际遇，总是伴随我们终生。

童年时自由豁达的环境、与大地泥土天空的亲近，让他在成长中始终保持着向往自由、天真好奇的个性。

这种宝贵的性情伴随了袁隆平的一生。

荞麦壳、钉子和孙悟空

20世纪30年代的一天，北平寂静的下午，午后的阳光从木窗棂的格子里钻进来。雕花五门柜顶上，一个光亮的白瓷罐子在阳光里发出几近神秘的光。

男孩踮起脚尖，用手试图去够白瓷罐。那里面装着炒过的荞麦壳。他亲眼看着妈妈将那只该死的罐子藏在那儿。焦脆诱人的荞麦香若隐若现地飘出来，他几乎要垂涎三尺了。男孩奋力一跳，终于成功碰到了罐子，令人遗憾的是，一个趔趄，哐当一声，罐子倒下来，荞麦壳像一阵猝不及防的雨，洒了男孩一身。

父亲闻讯赶来，正要大发雷霆，却只见一个满身白粉的小人嬉笑着夺门而逃，转眼就不见了踪影……

> 父亲是一个很有爱心的人，但是比母亲严厉得多，教育我们做事做人要规规矩矩，说话不能出格，在人前要有坐相，不能跷脚。
>
> ——袁隆平心语

这个淘气的男孩大名袁隆平，小名二毛，是家里最调皮捣蛋的一个。

他的偶像是孙悟空。拔几根毫毛使劲一吹，一群小猴生龙活虎。那金箍棒更神妙，一晃儿跟一电线杆似的，一晃儿比针还纤细，嗖的一声飞进耳里，转眼间就没了影。还有腰间那无比拉风的金色豹纹围裙……

他时常幻想自己是悟空附体，七十二般武艺手到擒来。可惜的是，他从来没成功变出哪怕一个小猴子。他渴望除暴安良行侠仗义，但是他降服过队伍最浩大的敌人，是墙角一大窝蚂蚁——唯一令人欣慰的是，经过“百摔不挠”的漫长练习之后，他的翻筋斗技术炉火纯青。

这天，母亲在围裙上擦了擦手，颇有些忧心忡忡地看着他举着脏兮兮的小手，义无反顾地翻第一万个筋斗。说实话，她并不认为投身于翻筋斗事业是一件多么光荣的好事。

果不其然，意外发生了。

很快就是春节。一家人准备坐船回江西老家过年。二毛高兴得忘乎所以。他喜欢坐船，更喜欢出远门。他叼着一颗钉子，兴高采烈地第一个冲上了船……我不得不跟你们解释一下，钉子是他表达情绪的独特道具。

这事说来话长。父亲曾经请过一个木匠到家里做工（也许他至今还后悔自己请木匠的鲁莽决定）。那年代的木匠，拉起锯子和刨子来，那叫一个风生水起。墨盒里拉出修长的黑线，“嘭”，一声轻微的脆响，清香的樟木上就映出清晰笔直的黑线。四岁的小二毛站在一边，看得目瞪口呆。那些木头、铁锯、墨线让他彻底着了迷。

他试图像一个真正的木匠一样，干点令人着迷的活。结果，细胳膊细腿连锯子都抡不起来的他，当然什么真正的手艺都没学到。但是木匠们离开的那个晚上，他毫不沮丧，因为他坚持认为自己还是学到一样拿得出手的木匠活——叼钉子——木匠在为钉子寻找一个恰到好处的位置之前，总是将它叼在嘴里。

心情特别好时，他就掏出一口随身携带的宝贝钉子，牢牢地叼在唇齿之间。手背在屁股上，嘴里发出含糊不清的歌声——就像一个很是干了些年头的真正的老木匠一样！

有一天，他叼着心爱的钉子上船了。浪花被船尖排开，难得的冬日暖阳，晒得他愈发兴奋。这等快活，怎一颗钉子了得！他决定趁着父亲不注意，翻上两个痛痛快快的筋斗。

> 母亲是知书达理的人，是当时少有的知识女性。小时候，我深受母亲性情的熏陶。母亲总是说，要多读书，求进取，做好事。
>
> ——袁隆平心语

说干就干。他双手往地上一撑，脚在空中划出一道圆满的弧线，好一个一气呵成的好筋斗！他正感慨无人叫好时，却猛然觉得不对劲。钉子呢？

“吞下去了。”聪慧过人的二毛飞快得出了结论。“可惜味道很不怎么样。”他开始有点隐隐的不安。

“难吃的钉子。”他的喃喃自语让母亲大惊失色。船上顿时乱作一团。

船就近停了。父亲铁青着脸抱着他，朝附近的姨妈家狂奔而去。姨妈吓了一大跳，赶紧去煮韭菜。

二毛史无前例的温顺，乖乖地吃下一大碗焦绿的韭菜，还有几根香蕉。

大家静静地等待着。这可真是一个备受煎熬的夜晚。

天艰难地亮了。二毛拎着裤子，以迅雷不及掩耳之势朝厕所冲去。

终于拉出来了，该死的钉子。屋子里一片欢腾。没有人还惦记着要惩罚他。还有什么比从肚子里弄出一颗钉子更值得庆祝的呢。

亲近大地和泥土

母亲无比宠爱二毛——这个淘气得花样百出的孩子。知书达礼的母亲，用博达的爱包容和保护着他全部的天性。

“母亲对我的教育影响了我一辈子……她总是说，你要博爱，要诚实。”

那些与荞麦壳、钉子、孙悟空有关的童年记忆，不动声色地潜伏在生命里，等待着被合适的时机勾诱出来。孩童时候自由豁达的成长环境，让他在成长中始终保持着向往自由、天真好奇的个性，这种宝贵的性情伴随了他的一生。

> 在做人方面，母亲教导我做一个有道德的人。她总是说，你要博爱，要诚实。
>
> ——袁隆平心语

母亲华静女士，曾是一位优雅迷人的扬州姑娘。她出身于书香门第，从小饱读诗书。在一所教会学校教书时，和当时的校长袁兴烈结为秦晋之好。1930年初秋，华静在北京协和医院生下了他们的第二个孩子——二毛。

相夫教子的俗世生活，并没有磨灭华静的浪漫天性和满腹才情。她擅长在柴米油盐中寻找琐碎的生活情趣。左手落花，右手稻粱。

她挚爱不言不语的花草。在局势混乱的20世纪初，他们颠沛流离，辗转于各个城市之间。而纵使只有一角能看到天空的土地，她都会悉心地种上花草。住在汉口时，她带孩子去神农洞游玩。她告诉孩子要珍爱粮食。从一粒种子到抽穗扬花，最后稻谷飘香，多么来之不易。

孩子们渐渐长大，一有时间她就带他们去郊外。在她眼里，让孩子懂得小麦和禾苗的区别，学会享受雨后森林的清香，认识土壤奇妙而斑斓的颜色，画出不同叶脉的纹理，比摇头晃脑地背《三字经》更重要。

她喜欢给孩子们讲故事。天边的一朵云、一颗星，脚边匆匆路过的一只蚂蚁，都曾成为她故事里的主角。星光烂漫的夜，她带着孩子躺下来数星星。她用母亲独有的温厚嗓音，告诉他们，古老的民间传说里，住着勤劳的牛郎和善良的织女。二毛在懵懵懂懂中，惊讶着这世界的博大和星星奇异的美。

她能说一口流利的英文。年轻的华静当然不曾预料到，半个世纪之后，当美国电视台万里迢迢来到中国拍摄袁隆平的纪录片时，他八十岁的老母亲那流畅自若的英文会令他们惊为天人。

华静喜欢教孩子们唱英文歌。遥远国度里的陌生语言，有着千奇百怪的腔调，二毛边学边咯咯笑个不停。多年以后，正是这从小练就的英文功底，让他在国际水稻栽培交流大会上用英文发言时成为最从容自若的一个。

母亲常说，室雅何须大，花香不在多。

——袁隆平心语

惠特曼的诗里说，一个孩子向前走去，他遇到的东西，就变成他的一部分。是的，孩提时的际遇，总是伴随我们终生。

童年与大地、天空、泥土的亲近，几乎影响了袁隆平的一生。接受三四十年代传统教育长大的袁隆平，终生都不曾有迂腐的夫子气。年轻的他初到安江农校，挽起粗布衣袖，露出晒得黝黑的胳膊走进稻田时，没有人看出他出身书香门第，从小衣食无忧、宠爱等身。纵使日后声名鹊起，他也是一如既往的纯真质朴。

闯入童话果园

1936年秋天，二毛六岁了，全家老小搬迁到汉口。

一个天气晴好的周末，母亲带二毛去汉口郊区一个大果园游玩。这次平平常常的出游，改变了袁隆平的一生。

这是一个打理得无比精致而娇娆的果园。果园依山傍水，景色怡人。

清晨的露珠还未干透，所有的果子安静地生长着，在阳光下发出几近诱人的光。

高大的银杏树夹道一字排开。石板路上铺满了小扇子般精巧的银杏叶。果林里弥漫着熟透的杏果香。娇艳的草莓在绿叶间探头探脑。穿着橙黄工作服的工人，拿着大剪刀，正在收割黄澄澄的柚子。搬运果子的竹筐密密麻麻地排在一起，里面满盛着秋天最斑斓的色彩。

二毛想起了一部电影。那个时候，《摩登时代》正在热播。全世界掀起了机械自动化时代的热潮。电影里，稻苗、果树噌噌噌地蹿着个儿，成熟后手一伸它们就掉了下来。

这次游历令他终生难忘。当年懵懂的小二毛站在童话般的果园里，流连忘返。一种难以言述的微妙情绪，从他小小的脑袋里升腾起来。这份情绪伴随着他整个少年时代，直至他19岁高中毕业，面临人生的第一次重大抉择时，才蓦然清晰。

> 那时候，我心中就特别向往那种田园之美、农艺之乐。
>
> ——袁隆平心语

"那是从小的印象，记忆特别深。那时候，我心中就特别向往那种田园之美、农艺之乐。"

高考那年，他义无反顾地选择了农学。多年以后，每每谈起当年这个颇有几分鲁莽的决定时，他总会说起这个记忆中的童话果园。土改时期，他也曾感慨，早知学农学这么苦，也许当初就不会选择这一条艰难的道路。学农学之苦，何止仅仅苦在劳身。然而，他一直是如此坚定的人。纵有微词，内心从不曾言弃。发完这句牢骚，话音未落，他又挽起裤脚下了田。

乱世中的桃花源

1937年，卢沟桥事变爆发。日军的魔爪伸向中国腹地。战火在蔓延。数以千万计无辜的老百姓背井离乡，开始令人心酸的逃难。

二毛一家也不例外。第二年春天，全家乘着小木船，逃难来到湖南桃园镇。

所幸的是，在这个兵荒马乱的年代，桃园镇却有着几近奢侈的宁静。这是一个山清水秀的地方。大片大片的竹林像大山的裙袂，驻守在群山脚下。清澈透亮的河水蜿蜒而来，平静得不曾泛起一丝涟漪。

令人遗憾的是，刚到桃园镇不久，二毛就差点"光荣牺牲"在这清亮的大河里。

有一回，他们乘船出行，逆流而上。那时的小船行走只能靠人工。纤夫穿着单薄的衣服，在岸边拉纤绳。善良的母亲，拿了几件孩子的旧衣服换成粗绳，给纤夫垫在肩膀上。

二毛乘着无人看管，和弟弟四毛在船头嬉笑打闹。一不小心，四毛用力过度，竟然将他推下了船。所幸当时正是隆冬，他穿着臃肿的棉服，一时竟没有沉下去。善良的船工顾不上河水冰冷刺骨，跳下河，一把将他拎了上来。

一向胆大如虎的二毛，这次结结实实地被吓坏了。他下定决心，要学会游泳。当第一次成功地在水面上进退自如时，他欣喜若狂。他开始抓住一切机会溜出去游泳，从此一发不可收拾。

有一回，为了逃避父亲的责骂，狡黠的他甚至带上年幼的弟弟一块去河里疯玩。父亲下班回家，看到窗外远远的河面，晃动着两个熟悉的小不点的影子，大发雷霆。二毛十分娴熟地逃到母亲身后，寻求援助。母亲却摇摇头，避开了他恳求的眼神。

> 母亲对我的教育影响了我一辈子。
>
> ——袁隆平心语

父亲狠狠地惩罚了他。事后，母亲郑重其事地找他谈话。少不更事的二毛，对“责任”“承担”之类的字眼似懂非懂。然而，这件事让他多年以后依旧记忆犹新。

他从此铭记，一个有责任感的人，断然不可因己私欲而怂恿连累别人。

河边的竹林里，他跟着当地的农家娃刻出了生平第一支竹笛。还没来得及打磨光滑，他就迫不及待地吹了起来。这咿咿呀呀尚不成曲的调子让他深为沉迷。母亲从小给他讲故事，哼唱儿歌时，就发现很多曲子，只要哼唱一两遍，他便能完整吟唱。

音乐、游泳，让他的童年更加斑斓起来。

何止是童年，后来它们几乎贯穿着他整个的生命历程。

袁隆平名言

“母亲说我小时候调皮得很，什么都喜欢玩，经常玩得筋疲力尽才回家。”

“这个家族，从曾祖父时候开始从务农转到经商，开始重视对后代的教育。”

“父亲是一个很有爱心的人，但是比母亲严厉得多，教育我们做事做人要规规矩矩，说话不能出格，在人前要有坐相，不能跷脚。”

“父亲认为“一日不看书，心中有些空洞；二日不看书，心中有些发慌；三日不看书，则哀莫大于心死。”

“母亲是知书达理的人，是当时少有的知识女性。小时候，我深受母亲性情的熏陶。母亲总是说，要多读书，求进取，做好事。”

“母亲对我的教育影响了我一辈子。她很虔诚，做事一丝不苟。我母亲是规规矩矩的人，知书达礼。她对我们的要求比较严格，要我们做诚实的人，学习要认真。她非常慈善，非常厚道，品德非常好，我现在为人坚持与人为善，跟母亲对我的影响有很大的关系。”

“在做人方面，母亲教导我做一个有道德的人。她总是说，你要博爱，要诚实。”

“母亲常说，室雅何须大，花香不在多。”

“那时候，我心中就特别向往那种田园之美、农艺之乐。”

“小时候亲眼目睹了中国饱受日寇的欺凌，我深深感到中国应该强大起来。”

“我自幼就对米有一种莫名的感情。”

二 谈学业方向

听从内心，学我所爱

从小跟着父母辗转南北，少年袁隆平渐渐学会了随遇而安。

而他天性中的叛逆，也开始在学生时代初现端倪。

他长期留着鸟巢似的自由头。他会跳当时极度稀罕的踢踏舞。他在课堂上稀奇古怪的问题，令老师瞠目结舌。他上课时不背书包不做笔记。他甚至写了一首号召不起早不贪黑的打油诗，广为传唱。

高中毕业的袁隆平，面临着人生第一次重大抉择。他毫不犹豫地选择了农学。

母亲对他的童年熏陶让他生性就爱亲近大地和泥土，而幼年游走童话果园的一次刻骨经历，让他更加坚定了农学是无比美妙的事业。

“听从内心，学我所爱。”他单纯地想。

开明豁达的父亲和母亲，纵使心中百般不舍，亦没有否决儿子的选择。民生大计，何尝不是惠泽苍生的大事业。

少年袁隆平就这样义无反顾地跳进了农门。

大学毕业后，学农的他竟然被选中当飞行员。人生的际遇总是充满偶然。这位即将翱翔蓝天的年轻飞行员，最后还是阴差阳错地回到了大地上。

石板路上的时光

20世纪30年代的中国，时局动荡不安。1939年除夕，父亲携妻带子再次迁徙。这一次，他们来到了重庆。

这几年里，他们住在周家湾狮子口龙门浩27号。这是一条古色古香的老街。

老街坐落在嘉陵江南岸。一得空闲，二毛就去游泳。母亲每天清晨都挎着精致的竹篮，去码头上买一束新鲜的花，回来后插在窗台上。

> 我小时候完全是凭爱好、凭兴趣读书，把问题理解了也就心满意足了，不像成绩好的同学有那么多的抱负。
>
> ——袁隆平心语

二毛在芬芳扑鼻的花香中醒来时，挑水人正将竹扁担担在背上经过他的窗前。他好奇地趴到窗前看个究竟。年代久远的石板路，轱辘井上被摸得发亮的木摇手，这一切，令在大城市里长大的二毛觉得无比新鲜。隔壁老奶奶一口温软的山城俚语，远远传来货郎叮叮咚咚的铃铛声，也让他感到莫名其妙的安心。

春暖花开的翌年年初，二毛插班进入龙门浩小学上三年级。他很快有了一群忠实的小伙伴。

龙门浩那些庭院深深的老房子，是最好的游乐场。他们喜欢在这儿捉迷藏，可惜地形过于复杂，藏了半天，谁也找不着谁。他们去地摊上看小人书，天黑透了才想起回家。他们成群结伴去爬山，看谁最先到达山顶。他们甚至发明了独一无二的吃甘蔗大赛，肚子被撑得滚圆还不肯罢休。

很多次，玩疯了的二毛都是被拎着耳朵扯回家的。他不哭不闹，还嬉笑着和大伙儿道别。回到家里，他困极了。皮鞋才只解开一只，就一头倒在床上呼呼大睡。

第二天，他再变着法子溜出去玩。

渐渐地，他深深爱上了这儿。

这段石板路上的寂静时光，让他在多年以后选择求学之地时，毫不犹豫地选择了重庆。

初到博学中学

1946年夏天，抗战胜利后，由于父亲工作调动，袁隆平跟随父亲来到武汉，进入汉口博学中学。

从小跟着父母辗转南北，少年袁隆平学会了随遇而安。新到一个学校，他总是能飞快地融入新班级。他博学多才，见多识广，大家都愿意和他结伴儿。

这是一所优秀的教会学校。有些老师上课都是一口流利的英文。在老师的引导下，他开始接触英文原著和英文电影。一有空闲，他就一头埋入图书馆，如饥似渴地阅读。母亲给他的童年熏陶培养了他的英文兴趣，而博学中学则为他奠定了优异的语言基础。

博学中学的校长是一位儒雅的留学博士，接受过西方文化的熏陶，立志将博学中学办成一所校风严谨、独具风格的名校。

中学生活是紧张而有节奏的。不管寒冬炎夏，他们都得清晨六点起来做早操。为了督促同学们起床锻炼身体，教育主任总是拿着一根竹片，耐心地去一个个宿舍巡逻。这竹片儿当然不是用来揍人屁股的。发现有学生赖床，主任首先用竹片敲一敲床边。当当几声，倘若还是毫无反应，再敲一敲拱起的被窝，睡懒觉的同学大多不好意思再赖床，一个鲤鱼打挺就起来了。

> 青年时代积累知识，打好基础，以后的人生将会受益无穷。
>
> ——袁隆平心语

有一次，几个淘气鬼想捉弄一下教育主任。在他进门之前，迅速翻身起床，拿几个枕头塞在被子里。主任果然上当，竹片一敲，毫无反应。再敲，还是无动于衷。主任疑惑地掀开了被子，一堆枕头滚了下来。肇事者正提心吊胆，以为他会大发雷霆，没想到主任忍俊不禁，扑哧一笑。大家这才一齐放声大笑起来。

纵使在课堂上，少年袁隆平也毫不掩饰自己天性里的好奇心。有时候，他稀奇古怪的想法令老师都瞠目结舌。“我小时候完全是凭爱好、凭兴趣读书，把问题理解了也就心满意足了，不像成绩好的同学有那么多的抱负。不过那时我喜欢动脑筋想，喜欢动手做，不知不觉间也培养了自己分析问题、解决问题的能力。”

老师曾在课堂上讲起牛顿的童年故事。他说：“牛顿小时候，养了两只猫，一只大猫，一只小猫。他让它们住到一个小屋子里。为了方便它们出入，牛顿凿了一大一小两个洞。”同学们听了都哄堂大笑。袁隆平却站起来，大声辩解道，当然得凿两个洞，要不大猫小猫一块儿出去不是得打架了吗？呃，听上去似乎也有道理呀。大家还在议论纷纷，他的思绪早已经跳到别的事情上去了。

在教乘法法则时，袁隆平满腹疑问。他问老师：“凭什么负负得正？”老师被他问得有点愕然。打从他学数学开始，就有了这个定理，他从来没怀疑过它的正确性。至于“凭什么”，他一下子也说不出个所以然。

“哪来这么多稀奇古怪的为什么？你记住就好。”老师神情严厉。

> 博中是我最感亲切的母校。她给予我们培养和教育，对我的成长起了决定性作用。
>
> ——袁隆平心语

多年以后，在回忆起自己的校园生活时，他清晰地记得，正是这一次在课堂上受到的小挫折，让他对数学顿时失去了兴趣。“数学不讲道理，”他说，“既然如此，死记硬背有什么意思。”自此，他越发讨厌数学，许多习题都不会做。

同桌林宝华却是一个数学天才。他焦头烂额半天都算不出的一道习题，林宝华却只要区区几分钟。上帝是公平的，人大抵都各有所长。这个数学天才极不擅长游泳，一到水里，勉强不会沉下去，游起来却像狗刨，看相着实令人不敢恭维。

两人相约，林宝华教他解题，他教林游泳。结果在他的悉心指导下，林宝华的游泳技术突飞猛进。更离奇的是，他后来还在一次游泳比赛中获得亚军。可惜的是，袁隆平的数学成绩毫无进展。

多年以后，这个擅长做数学题的同桌，成了中国工程院院士，中国返回式卫星的总设计师。2002年，袁隆平应约回到母校时，边笑边说起当年和林宝华的秘密约定。

毕业差不多半个世纪之后，他们重逢了。聊起这段往事，袁隆平仍然不忘向同桌讨数学债：“我可至今数学都不好。”说到这儿，两人都忍不住哈哈大笑。

溜进去的冠军

少年袁隆平对游泳的兴趣有增无减。即使在紧张的中学阶段，他总是找机会去游泳。他这个爱好几乎一直保持到耄耋之年。他喜欢大气豪放的毛泽东诗词。那首《水调歌头·游泳》更是能倒背如流。

他说，干任何一件事情都需要有决心和毅力，游泳也不例外。而游泳不仅能锻炼人的体质，还能培养毅力和坚忍不拔的性格。

1947年夏天，省里举行游泳比赛，袁隆平兴高采烈地报了名。他觉得，从小在江河里翻滚惯了，去小小的游泳池比赛，对于自己岂不是易如反掌。

学校负责选拔运动员的体育老师来了，他瞅了袁隆平一眼，大笔一挥，在他的名字下画了一个叉。他急了，追着老师问个究竟。老师摇摇头说："你个儿不高又瘦，肯定游不过人家。"

他只好垂头丧气地回到班上。同学们围过来，都为他感到惋惜。他们可都亲眼见识过袁隆平高超的游泳技术。白浪翻滚的嘉陵江，他能下去游个好半天不歇气儿！

同学们自告奋勇去求情，可惜有着超强集体荣誉感的老师铁面无私，坚决不肯通融。大伙儿越挫越勇，一个个摩拳擦掌，声称一定要把袁隆平弄进比赛场。他们开始想别的法子。密谋了好半天，一个完美无瑕的"馊主意"出炉了。

> 我读世界名著的英文原著。多掌握一门外语，就等于多打开了一扇知识的大窗。
>
> ——袁隆平心语

比赛当天，运动员都要骑着自行车，进入比赛场地。在众多"便衣"的掩护下，袁隆平坐在班上一个运动员的车后座，一溜烟就进了赛场。

博中的游泳选手集合时，他若无其事地站进了队伍。眼尖的老师一眼就把他认了出来。老师倒也不为难他："哎呀，真见鬼，怎么进来的这是，莫非有人会穿墙术。"

"反正都来了，就让他去玩一玩吧。"老师心想。

真没想到，这一玩，就玩出了个冠军！汉口赛区男子自由泳开始了，

> 我习惯于理解地学习和记忆，喜欢独立思考，不懂的地方就提出来。
>
> ——袁隆平心语

袁隆平一个漂亮的鱼跃，像离弦的箭一样朝终点冲去。哼，人家个子小，那又怎样，游起来反而阻力更小呢。很快，他将所有的选手都远远地抛在身后，第一个游完了全程。当初拒绝他参赛的老师站在岸边，看得目瞪口呆。

最后，他毫无悬念地进入了省决赛，获得亚军。花甲之年的袁隆平回忆起这次比赛时，脸上带着孩子般得意的笑容，他说："那次是没充分准备好，匆匆忙忙就下水了。如果准备充分了，说不定能游出个世界纪录呢。"

回到学校，听到喜讯，同学们都蜂拥而至。他们将袁隆平高高地抬了起来，使劲儿往空中抛。掌声、女同学的尖叫声响成一片。

人生中的第一次重大抉择

1948年，父亲调入南京工作。袁隆平恋恋不舍地告别了朝夕相处了两年多的伙伴，进入南京中山大学附中继续高中学业。

高中毕业的袁隆平，面临着人生中第一次重大抉择。

父亲问他："可曾考虑未来的方向？"

袁隆平毫不犹豫地说："我想学农学。"

单纯的他并没有想得太多，只是母亲对他的童年熏陶让他生性就爱亲近大地和泥土，而当年游走童话果园的那一次经历，更加根深蒂固地让他觉得：农学是无比美妙的事业。他不过是一个身在象牙塔、刚刚成年的大男孩。他并没有矫情地把自己的未来和祖国的繁荣兴盛联系起来。

父亲有点愕然。20世纪四五十年代的社会环境，是重文轻理的。学农，和泥土禾苗打交道，能有多大出息？父亲袁兴烈当时在南京国民政府侨务委员会事务科担任科长。他希望儿子也能走一条按部就班的道路，选一个重点大学学某个热门专业，毕业后像自己一样，进政府部门谋职。

他把自己的想法和盘托出之后，再次郑重其事地问儿子："你还是决定学农吗？"

袁隆平生性追求自由，他对升官发财、光宗耀祖之类的字眼毫无兴趣。他认真聆听父亲的建议后，还是点头坚持自己的选择。

“听从内心，学我所爱。”他单纯地想。

对于袁隆平的选择，母亲却欣然置之。“民以食为天。民生大计，何尝不是能做出一番成绩的大事业呢。”

父亲想了想，若有所思地点了点头。他一向对孩子要求严格，事实上内心却是开明豁达的。既然儿子坚定自己的道路，他便会鼎力支持。

很多城市的大学都有农学专业。“你想去哪儿？”父亲问。

“去重庆。”他再次毫不犹豫地回答。

父亲拊掌微笑。看来这个从小没少给他捣乱的孩子，确实长大了，对人生道路和方向都有了自己的主见，这未必不是一件好事呀。

而母亲，虽然孩子即将远行，她心中极为不舍，却并没有流露于言表。这位平凡而性情大气的母亲，在袁隆平的成长过程中始终扮演着亦师亦友的角色。

最后，经过全家的慎重考量，袁隆平选择了相辉学院农学系（后来并入西南农学院）。

少年袁隆平就这样义无反顾地跳进了“农”门。面临人生中的第一次重大抉择时，他选择了农业。多年以后，他成为农学院的一名教师，带出了许多学有所长的学生。

听从内心，学我所爱。

——袁隆平心语

生性自由，爱好散漫

1949年夏天，袁隆平背着行李包，只身来到重庆。

踏上这座城市的土地，一阵熟悉的气息扑面而来。住在龙门浩那几年无忧无虑的童年时光，至今还历历在目。

相辉学院历史虽然并不久，却聚集着一批当时国内一流的学者。抗战期间，重庆作为“陪都”，许多政界名人、教育先锋、青年学子从祖国各地涌来。上海复旦大学曾迁到这儿。抗战胜利后，复旦大学迁回上海。留在重庆的一批教授，在夏坝建立了相辉学院。

丰富多彩的大学生活，就此拉开帷幕。

进入大学，父母亲都改口直呼其大名，不再叫他的小名二毛了，他却还是留着二毛式的“自由头”。有同学嘲笑：“哎呀，这不一鸟巢吗。”

他满不在乎。“我这个脑壳就是这么个脑壳，管不了这么多。”

袁隆平一向是活跃分子，能说会唱，很快，他就和宿舍里的室友们打成了一片。那时的大学生活是清贫的。难得出去打一顿牙祭，食堂饭菜又不尽如人意。几个大男孩便在宿舍里自己动手做饭做菜。虽然笨手笨脚，饭仅限不加生而已，菜仅限煮熟而已，大伙却依旧吃得津津有味。

同学们奇怪的是，袁隆平一向思维活跃、聪颖过人，却愣是学不会一板一眼的交谊舞。听着什么快三啊慢四啊他就脑壳发晕。而且，学校的舞会上，要是谁拉他去和女生跳舞，他一准脸唰的一下就红了。后来，学校舞会，他干脆一律当逃兵。

> 在选择求学道路时，我仔细考虑了很久，希望自己今后能成为一名农业科学家。
>
> ——袁隆平心语

在大学里，他爱上了看电影。西洋电影里的踢踏舞，令他神往。他很快就将这种莫名其妙的舞蹈跳得风生水起，同学们纷纷惊呼大开眼界。

上课时，袁隆平经常不背书包，不做笔记。老师以为他存心偷懒，逮着他提问，他却对答如流。同学们惊讶之余，向他请教，他淡然一笑。死记硬背不顶用，得靠理解。

他潜心专业，大量阅读相关书籍，涉及甚广。生性散漫的他，在成绩上却从不追求完美。

学校计分采取的是苏联的五分制。当时，校园里流行一首打油诗，“三分好，三分好，不贪黑，不起早，不留级，不补考。”这便是袁隆平所作。

有一回，填写鉴定表时，他略一思索，在爱好一栏填“自由”，特长一栏填上“散漫”。这张令老师有点哭笑不得的鉴定表，便是他性情的真实写照。

大学生活里，还有一件令他难忘的事。

有一天晚上，他正准备上床睡觉，突然听到不远处传来一阵悠扬的小提琴声。他好奇地循声而去，原来是一个男同学在拉小提琴。他悄悄地站在旁边，生怕打断了美妙的琴声。小提琴的琴声饱满、大气，动人心弦，他被深深地吸引了。

一曲终了。他迎上前去，一脸诚恳地拜拉琴男生为师，请他教自己拉琴。刚开始，他还没找准门道，拉出来的声音跟杀鸡似的难听。但是很快，他的音乐天赋就淋漓尽致地表现出来。没过多久，他就能独自拉出优美的《梦幻曲》。

袁隆平省吃俭用，用平常积攒的零花钱买了一把小提琴，一有空闲，就练习拉琴。

凭着出色的琴艺，他加入了学校的合唱团。新年晚会上，他还和他的小师傅一起表演了小提琴二重奏。精彩的演出赢得了热烈的掌声。

差点成为飞行员

20世纪50年代初，抗美援朝期间，国内掀起了报名参加志愿军的热潮。

跟随父母辗转大江南北的童年时期，母亲就告诉袁隆平，国强则民安，华夏儿女当志存高远，以国之危难为已任。

袁隆平和许多同学都报名去应聘飞行员。学校当时只有600多名学生，一半报了名。

多年以后，回忆起这段阴差阳错的经历，袁隆平幽默地说："我身体是好的，体检是检上了的。体检很严。第一关，量身高，测体重，淘汰了一些人。我身高和体重刚好达标，也就是170厘米、65公斤。个矮、轻了、太重，都不行，嘣咚一个叉叉，淘汰了。什么都要检到，心脏透视啦，视力检查啦，很多名堂。屁股都要翻开，一看有痔疮，嘣咚一个叉叉。还有一个小本本，要你看，问你什么东西，答不好，又是嘣咚一个叉叉。我们最后只有八个人检上了。"

> 自由散漫，主要是说我很随意，不中规中矩。
>
> ——袁隆平心语

听到体检通过的消息，袁隆平欣喜异常。就在他踌躇满志，即将成为新中国培养的第一批飞行员时，局势突变。那时已到1952年，战争已经缓和，开始谈判。国家号召在校大学生参加地方经济建设，留校继续深造。

头发已经有些斑白的袁隆平大笑着说："如果当时去了朝鲜，恐怕现在就没有杂交水稻喽。"命运总是阴错阳差，如果当时袁隆平如愿以偿做了飞行员，那么，世界就少了一位出色的农学家。

袁隆平名言

“我小时候完全是凭爱好、凭兴趣读书，把问题理解了也就心满意足了，不像成绩好的同学有那么多的抱负。不过那时我喜欢动脑筋想，喜欢动手做，不知不觉间也培养了自己分析问题、解决问题的能力。”

“学生阶段，我确实是成绩平平，不追求考高分。青年时代积累知识，打好基础，以后的人生将会受益无穷。但我认为终身学习、积累知识是一辈子的大事情，非一朝一夕之功，不能够太性急。”

“我在博中学习、生活了四年多时间，从初一到高二，从重庆到汉口，从13岁到17岁。博中是我最感亲切的母校。她给予我们培养和教育，对我的成长起了决定性作用。”

“我读世界名著的英文原著。多掌握一门外语，就等于多打开了一扇知识的大窗。”

“我习惯于理解地学习和记忆，喜欢独立思考，不懂的地方就提出来。”

“现在，我之所以能够在各种国际学术活动中非常熟练地运用英语与专家们进行交流，这与我在博中母校英语打下了良好的基础是分不开的。”

“在游泳比赛上获奖后，有记者要我谈谈感受，我说，干任何一件事情，都需要有决心和毅力，游泳也不例外。要专注地做好每一件事，无论是大还是小，都要用心去做。”

“我是自愿学农的。我生长在大城市，可为什么学农呢？这个说起来很巧。在选择求学道路时，我仔细考虑了很久，希望自己今后能成为一名农业科学家。”

“我生长在大城市，但是我是自愿学农的。”

“学校计分采用苏联的五分制，我觉得考三分就可以了，还编了一首歌：三分好，三分好，不摸黑，不赶早，不留学，不补考。”

“有一次填写鉴定表，我在爱好一栏写上自由，特长一栏写上散漫。自由散漫，主要是说我很随意，不中规中矩。比如说我喜欢的课我就听，不喜欢的课我就不去。还有就是生活上太随便。”

“母亲曾经给我写信：你在校的这些年里，要多思考，多提问，这一直是你看书秉行的宗旨，希望你能循着这宗旨继续前行。”

“我喜欢提问题，经常琢磨为什么。学贵知疑。”

“我非常喜欢毛主席诗词。他老人家非常喜欢游泳。游泳不仅可以锻炼身体，还可以培养人的意志品质和坚忍不拔的精神。游泳看似一件小事，但培养了我一往无前、百折不挠的性格。”

“我这个脑壳就是这么个脑壳，我不管那么多。”

——同学们提醒袁隆平把头发梳一梳

“党的教育和培养，使我从糊涂的梦中惊醒过来，也使我明白了许多道理，如社会发展规律、阶级立场、社会主义、辩证唯物主义等等。一句话，使我明白了人生的意义之所在，我人生最大的光荣和追求就是全心全意为人民服务。因此，我要自强不息，努力奋斗，争取干出一番事业来，为中国人争一口气，为自己的祖国作贡献，这就是我最大的心愿。”

——学生时代的袁隆平在日记里写道

“随着年龄的增长，愿望更加强烈，学农变成了我的人生志向。”

“全面发展不是门门功课都得满分，全才并不见得以后会成才，往往会变成书呆子。在掌握基本知识的基础上，要有一些专才，有一些爱好。有专才，就有了方向；有爱好，不但让你的世界更丰富，还可以自己‘杂交’起来，互相启发。‘杂交’现象不仅在自然界存在，在人类社会、思维领域也都广泛存在。”

“说实话当时我不太喜爱功课，奉行的准则是‘三分好三分妙，不贪黑不起早，不留级不补考’。学习重天分，每个平凡的人其实都有他的天分，天分所在也就是自己最好的发展方向。打个比方，我从小喜欢学语言，也有一些语言天赋。抗日战争期间随父母四处迁徙，不费大力气就学会了很多种方言，如重庆话、南京话、武汉话、长沙话等等。对不同语种的外语也有较强的识别能力，比如俄语里的卷舌音‘P’我就发得很准确。还有，在菲律宾、日本等国家的同行英语发音时有很大差别，我能很快适应这些差异，和他们进行交流。语言的天赋，对我从事研究工作有很大帮助。”

年轻的袁隆平成为偏僻农校的一名教师，生活十分清贫。

当他挽着裤脚，像个真正的农民那样去砍柴挖野菜，没有人看出他出生书香门第从小宠爱等身。

袁隆平从未觉得有何屈才之意。三尺讲台的朴素生活被他过得风生水起。

几乎随时携琴的袁隆平，在校园里很是掀起了一番小提琴热。他钟爱的沅江畅游，也被校园里的孩子们争相效仿。他喜欢带着学生们走出校园，去大山里采集标本，在玉米地里为一株不结果的植物大声争辩，观察大雨将至时蚂蚁慌乱的队形。他在班上成立科研小组，学校里一度掀起了生物科研的热潮。

那个口袋里藏着种子的另类先生，据说才华横溢、诗书满腹……青春期的少年们对他满心崇拜，甚至连他的发型都暗自仿效。

这种提倡动手动脑的学习方式无疑影响了这些少年的一生。他们扔掉枯燥的课本，把大自然当作最好的课堂，贪婪地吸吮着来自大地的厚重知识养料。

这批学生，是新中国成立后培养出来的第一批基层专业农技人员。他们离开学校后，像蒲公英的种子一样撒向天涯海角。

许多年以后，在袁隆平的杂交水稻遭遇困境时，他们成为这项伟大事业的有利推动者和见证人。

藏在大山里的寂静校园

毕业后，袁隆平响应国家分配，来到湖南省农业厅报到。这天，他领到预支的第一个月工资42元。拿到这笔“巨款”，第一件事，他就是冲到商城里，花27元买了一把早就看中的小提琴。

这把珍贵的小提琴陪伴他十几年，1969年，他把它送给了自己农校的学生李俊杰。

安江农校位于偏远的湘西，那是一个能让人静下心来的地方。

——袁隆平心语

1953年盛夏，他提着简单的行囊，几经辗转，来到安江农校。学校所在地，曾是一座清幽的古寺——圣觉寺。校内古木参天。高大的香樟树伸开茂密的枝丫，将古色古香的校舍笼罩在浓荫下。

沅水像母亲温柔的臂弯，静静地环绕着整个校园。累了，或者遇到烦心事，袁隆平就会来这儿游泳。只要被清亮的河水柔软包裹，所有的浮躁和不安，就会在瞬间被清理干净。

学校当时缺少语言老师，于是派他去教俄语。虽然这与自己学的农学风马牛不相及，但是一向乐观的他还是欣然应允。

站在讲台上，看着台下那些年轻而充满渴望的面孔，他仿佛看到少年时代的自己。很快，他便与学生打成一片。早上，他在学生宿舍楼下大声地吹着口哨，带着他们去跑步。生性好动的袁隆平带出了一个“好动的班级”。短跑、跳远、足球、郊游，一到课余节假，大家聚集到一块，忙得不亦乐乎。特别是盛夏一到，沅江简直成了他们的度假胜地。蛙泳、蝶泳、自由泳……谁也猜不到这一片嬉闹的白里浪条中竟然有一位和蔼可亲的老师。

他教学生唱俄语歌，《喀秋莎》《红莓花儿开》……他编了许多绘声绘色的相声，用俄语排练，和同学们一起上台表演。他甚至还组织了一次洋气十足的“国际交流”活动——组织学生与苏联对口学校的同学用俄文通信。这一光辉事迹一度让参与的同学在校园里很是沾沾自喜了一番。学校的教师食堂伙食比学生食堂好，他还经常带学生到教师食堂打牙祭。冬天天气冷了，他甚至会把自己的衣服拿给学生穿。

比起对学生的慷慨，其实袁隆平在安江农校过着十分清贫的生活。住的是简陋的单身宿舍，连一件像样的家具都没有。独身一人，吃的是学校食堂的粗茶淡饭。

年轻的袁隆平出身于书香门第，满腹诗书，却一点也没觉得窝在这穷乡僻壤的地方有何屈才之意。“我就是一颗种子，只要撒在大地上就会生根发芽。”放学后，他乐呵呵地挽起裤脚，像个农民那样去砍柴、挖野菜。穿不惯草鞋，他便时常赤着脚。倒是他的学生们看在眼里，记在了心里。好几回，清晨他打开门时，都看到门口堆放着不知道是谁送来的野菜和柴草。这些大山里长大的孩子，就用这样朴素的方式表达自己对老师的敬爱。

> 我就是一颗种子，只要撒在大地上就会生根发芽。
>
> ——袁隆平心语

一条白洋布裤子的温情

有时候，这个看似性情温厚的袁老师却心思细腻。班上有个叫杨楚书的男孩，个头很高，篮球、足球等样样拿手，奇怪的是学校的比赛他从来不参加。谁劝他去他就脸红脖子粗地跟人急。袁隆平觉得很纳闷，悄悄地观察了一段时间，发现了一个令人心酸的秘密。这个大男孩家境贫寒，连一件合身的运动服都没有，个儿长得快，几年前的长裤穿在身上就成了七分裤。十六七岁，正是敏感的年纪，少年强大的自尊心让他宁愿舍弃心爱的比赛。

这天下午放学后，杨楚书在走廊上和袁老师撞了个正着。袁老师一把逮住他，将一条崭新的白洋布运动裤塞进他怀里。“这该死的裤子我穿太长了，有一回还踩到裤脚狠狠地摔一跤。哈哈，我瞅着你个儿高，也就你能穿。”少年心头一热，还来不及道一声谢，袁老师早就大笑而去。

火眼金睛的袁老师果然料事如神，后来，学校的体育比赛场上，总是活跃着一个穿着白运动裤的男孩。这可是那年头最时髦的行头了。体育老师很好奇，袁老师用什么妙计说服了这个像犟牛般倔强的男孩。袁老师秘而不宣，又是一阵开怀大笑。

这件事令杨楚书铭记终生。在那个物资匮乏的年代，它的意义远远超

> 人就像一粒种子，健康的种子，身体、精神、情感都要健康，健康的人格非常重要。
>
> ——袁隆平心语

过了一条裤子。它让一个内心爱球如命的少年，第一次有勇气站在汹涌的人群中间，气宇轩昂地踢出一个干净利落的远射球。当观众席上女生的尖叫声和头顶的阳光一般热烈的掌声响起时，他的泪水差点夺眶而出。

什么叫真正的爱生如子。发自内心至纯的爱，不是挂在唇齿边空洞浩大的口号，有时候，它就是一条普普通通的白洋布裤子。

和琴声一样纯净的青春岁月

几乎和袁隆平如影随形的小提琴，很快引起了同学们的注意。这个其貌不扬的小箱子里，怎么能发出如此奇妙的声音。一天晚上，几个男生推推搡搡地来到了袁老师的门口。

“干什么这是，神秘兮兮的。”袁隆平问。

他们一把把李俊杰蹭出列，这个腼腆的大男孩挠了挠脑袋，不好意思地说，我们想跟你学小提琴。

“哈哈。”袁隆平一边大笑一边转身取来琴，往他手里一塞。你拉拉看。李俊杰折腾了半天，愣是连半点声音都没弄出来。袁老师摇摇头：“唉，想我当年，刚碰到小提琴，至少还是拉出了几声嘶哑的公鸡惨叫啊。”大家都笑了。笑声未落，一声嘶——呲——惨叫尖利地响起，大家争先恐后地夺门而逃……

从那以后，这一幕时常在袁隆平的房间里上演。过了好一段时间，耳朵备受摧残的袁隆平，终于艰难地教会了他们拉《在那遥远的地方》和《小夜曲》。

每一次的班会活动，小提琴演奏成了毫无悬念的曲目。学校的联欢晚会上，大家甚至像模像样地上演了一场“琴歌合奏”。当时，电影院最火爆的一个纪录片叫《一定要把淮河治理好》。晚会上，李楚甲和谢长江清唱，袁隆平用小提琴伴奏，这个别出心裁的节目令台下掌声雷动。

这可是当年罕见的西洋乐器。穷乡僻壤的，别说听人拉，很多人见都没见过这新鲜玩意儿。演出一完，文体老师李代举马上去找校长，申请买几把小提琴放到学校的文体室。校长满口答应。学校很是掀起了一番小提琴热。班上会拉小提琴的男孩顿时身价倍增，时常被请到别班赐教琴术。每到放学、周末，凄厉的鸡叫声此起彼伏，倒也成为农校一道独特的风景线。

在娱乐活动几近贫乏的20世纪30年代，文体室的小提琴就像一个神秘的符号，为这些大多土生土长的少年推开一扇新鲜的门。很多年以后，在这儿走出去的少年们回忆起当年的农校时光，耳畔总会响起若隐若现的小提琴乐曲。

袁老师忠实的粉丝李俊杰，毕业后分在怀化市气象局工作。多年以后，再次见到袁老师，他鼓起勇气问道："袁老师，我很喜欢你的小提琴，能不能送给我留个纪念？"袁隆平一口答应。李俊杰高兴得忘乎所以。这天晚上，他兴奋得抱着小提琴睡了一个晚上。

> 我反对死板地学教科书，在应用中学习才是有用的。
>
> ——袁隆平心语

时过境迁，2007年，在师生五十周年的聚会上，他带来了这把珍藏了几十年的小提琴，它让这群耄耋之年的老人重新忆起青涩的年少时代。他们大笑着说起当年在窗外偷看袁老师拉琴，是谁拉出了第一声鸡叫，谁抱着琴站在台上紧张得裤脚直抖，而台下那些女生的尖叫声又有多么令人得意……

提起对这把琴的感情，李俊杰只说了朴朴素素的一句话："我会将它世世代代地珍藏下去。"在场的每一个见证者都知道，他们珍藏的不只是一把琴，还有那和袅袅琴声一样优美纯真的青春岁月。

口袋里装着种子的另类先生

第二年，学校将他调到遗传育种教研组，教授植物学、作物栽培和遗传育种。

袁隆平高兴极了。当初懵懂中选择农学，能学己所爱已觉万幸，如今终于能教授自己钟爱而且擅长的课程，怎能不叫他欣喜异常。

初为人师，袁隆平依旧保持着大学时的散漫随性，时常忘记参加学校的例会。生活上的散漫并不代表着对梦想的懈怠。学校安排的课程并不太多，在大把的空余时间里，他一头埋进了学校的图书馆和实验室，有时候甚至徒手切片直至凌晨。

“教然后知不足。教学相长，这个过程中，我积累了较多的生物学知识和农业生产实践经验，还依据传统理论经常进行无性杂交、营养培养等方面的试验。尽管大多以失败告终，但为以后从事科研做了铺垫，具备了一定的发现问题、分析问题和解决问题的能力。”

当理论基础日渐扎实后，他将实验室搬到了田间地头。从书本中学到的理论，他总是要亲自实践一番，才肯罢休。

植物的受精和动物是一样的吗？为了解决心中的疑问，他走进玉米地里，用实验套袋将玉米的雌花隔离。结实季节，他发现，由于雌花得不到雄花的花粉无法受精，它结不出玉米。他带着学生去观察不结果的玉米秆，这个看似深奥的理论便生动浅显起来。他深有感触地说：

> 要给学生一滴水，老师就得有一桶水。
>
> ——袁隆平心语

“即使像这样浅显的问题，如果教师本身钻研得不深透，就不可能给学生讲深讲透讲好。要给学生一滴水，老师就得有一桶水。”

一个难得的冬日晴天，课间活动，同学们在操场上嬉闹，比赛翻筋斗。袁隆平正好路过，来了兴趣。“嗨，这个你们都没我内行。想当年孩童时，我可是翻遍祖国无敌手啊。”他摆足当年叼钉子的架势，翻了一个漂亮的筋斗。“好！”围观席掌声四起。叫好声未落，却只见袁隆平口袋里哗啦啦地下雨般落下颗粒状物体。大伙定睛一看，竟然是饱满的小麦和玉米种子。

围观者顿时目瞪口呆。“袁老师，这算是您的餐后点心吗，难道您好这一口？”

“哪能呢，我又不是母鸡。这不惦记着放学后要去试验田，怕忘了，就随身带着种子。”袁隆平一边忙着捡拾种子，一边解释道。大伙顿时醍醐灌顶，连忙埋头一番好捡！

很快，大家都知道学校来了一个口袋里时常装着种子的先生。

渐渐地，别说是口袋里掉出种子，就算他凭空变出一把种子大伙都不以为奇了。因为这个袁老师总是有层出不穷稀奇古怪的主意。

他上课的班上，墙壁上挂满了图解和表格。上课的时候，他变戏法似的，一会儿掏出一只栩栩如生的蝴蝶标本，一转身又掏出一大堆形状各异的树叶。这些标本，都是他在课余时间翻山越岭采集到的。这些生动的道具，让枯燥的生物课堂变得妙趣横生。

在这些凝固时间的奇妙艺术品面前，学生们睁大了求知若渴的眼睛。他们神情恳切地看着神通广大的袁老师，请求做他的助手。

传授了最基础的理论知识之后，他开始带着学生们走出校门。他们去大山里采集标本，在河流的下游耐心地守候迁徙的鱼群，趴在地上观察大雨将至时蚂蚁们慌乱的队形，在草地上支起一张簸箩，试图逮捕几只羽毛颜色特别的小雀。这些平平常常的东西，用生物学的角度去观察，顿时变得奇妙起来。

大自然是最好的课堂

有一次，他们徒步去雪峰山采集植物标本。雪峰山海拔高，山上山下气候迥异，这儿是丰盛的自然植物标本库。一路上，他们风餐露宿，虽然路途艰苦，一路上却欢歌笑语。这等撒野山林的快活，怎是枯坐教室能及。几天奔忙之后，正准备满载而归，突然下起了瓢泼大雨。山洪暴发，溪水眼睁睁看着涨上来，大家被围困在雪峰山下的一所小学里，一时回不了学校。他们把采来的标本揣在怀里，又冷又饿。袁隆平一翻口袋，糟糕，粮票也用完了。瞅着这雨一时半会也停不了，只好派班长赶回学校取粮票，他留在这儿照顾大部队。几乎所有的参与者都对这次历险终生难忘。时隔半个世纪，回忆起来，当年那锅来之不易的米饭里略带苦涩的雨水味道，仿佛又湿润了舌尖。

课本上涉及的生物，只要能采到标本的，都搬到了课堂。无法采到的，袁隆平便想方设法弄来实物图。有些图特别小，放在黑板上同学们几乎没法看清。这一点也难不倒袁隆平，他请助手们帮忙，找来幻灯，将白纸订在墙上，用幻灯将图画的轮廓映射到纸上，在用铅笔在白纸上细致勾画。一张小小的图画就这样被精确地放大了。他独创的扩图法被其他老师竞相效仿。在袁隆平的耳濡目染下，学校里一度掀起了生物科研的热潮。几乎每班都成立了科研小组，经常开展各种各样的科研

> 我是学农的，真想让中国人都有饭吃，让世界上的人都有饭吃。
>
> ——袁隆平心语

活动。

“把课堂知识的学习与实践结合起来。”

这种提倡动手动脑，实践出真知的学习方式影响了这些学生们的一生。很多学生因此对生物学产生了浓厚的兴趣，他们扔掉枯燥呆板的课本，把广袤的大自然当成最好的课堂，贪婪地吸吮着来自大地厚重的知识养料。

把课堂知识的学习与实践结合起来。
——袁隆平心语

袁隆平向校长提议，在教室走廊和校园其他合适的地方安放玻璃盒，内装学生亲自采来的昆虫标本。这些毫发毕现的标本，在校园里引起了轰动。每到下课，标本盒前人头攒动，只见一片啧啧称奇声。一位叫钟敦礼的男孩因此对昆虫分类产生浓厚兴趣，他自作主张，改学植物保护专业。多年以后，凭借着在学校里扎实的基础和长时间的细致观察，他对褐稻飞虱的研究，在国际上引起了轰动。

有不少学生纷纷效仿袁隆平，选择感兴趣的一种植物，从播种到结实，随时观察记录。一位叫毛金玉的同学，周末去镇上买了几两荞麦种子，播种到一小块开垦的荒地里，从播种到发芽、长叶、开花、结实，一天一观察、三天一记录，遇到疑难问题就一头扎进图书馆。最后，他将自己的实验所得编写成一本科普读物，在湖南人民出版社出版了。

这批学生是新中国成立后招生并培养出来的第一批到基层工作的专业农技人才。他们离开学校后，像蒲公英的种子一样撒向天涯海角，深深地扎根大地。多年以后，在袁隆平的研究渐露锋芒时，他们又成为杂交水稻事业有力的推动者和见证人。

袁隆平名言

“我就是一颗种子，只要撒在大地上就会生根发芽。”

“古人曾经说过，要给学生一滴水，自己就得有一桶水。”

“我反对死板地学教科书，在应用中学习才是有用的。”

“我喜欢和年轻人在一起。年轻人朝气蓬勃，敢打敢拼，是我们事业的希望。和年轻人在一起，我觉得自己也充满了青春的活力。”

“游泳，看似一件小事，但培养了我一往无前、百折不挠的性格。”

“自己是一个自由主义者，特别不喜欢开会。”

“人就像一粒种子，健康的种子，身体、精神、情感都要健康，健康的人格非常重要。”

“俗话说人是铁饭是钢，没有吃真饿得慌啊！千百年来粮食问题一直困扰着人类。我是学农的，真想让中国人都有饭吃，让世界上的人都有饭吃。”

“我不愿自己碌碌无为地过一辈子。”

“可别小看这‘泥腿子’的活，没有粮食，那大家吃什么？如果吃不饱，就会闹饥荒，社会就会不稳定，更不会发展。所以，干‘泥腿子’的活可光荣哩！”

“我培养学生，第一要求就是你要下试验田。”

“有时星期天我还带学生去郊游、去学习，跟学生打得一片火热。”

“为了提高学生的动手能力和操作技能，我喜欢带他们搞实验。”

“那时每个班都组织课外活动小组，我就让我们班成立一个科研小组，试图把课堂知识的学习与实践结合起来。”

“我不赞成现在的填鸭式学习方法。应当文理分科，因材施教。基础的东西当然要学，但一些高深的数理化如果将来不从事相关专业，在高中不必学那么多。现在的外语教学问题很大，学生学的文法过多，这样培养出来的学生看文章还可以，但讲不成，听不懂。他们的考分很高，比如对怎么使用介词很了解，哪个地方加to,哪个地方不加，都知道。但他们无法和外国人交流。我们国家的教学方法，培养了很多书呆子。”

“高考应该把鼓励偏才的问题考虑进去。如果整齐划一，可能不利于真正有创造力的学生，埋没一些人才。我有一个远房亲戚的孩子，外语成绩突出，但数学很差，由于偏科，高考考了三年未中，弄得面黄肌瘦，腰躬背驼，眼也近视，整个人都枯萎了，像个小老头。我见此状，对他说，不要考了，你外语好，我用你所长。恰好我们与美国公司合作，需要翻译，就让他来试试。没想到他来后如鱼得水，干得很顺畅，外语水平和综合素质不断提高，经常奔波于世界各地，人也滋润了。”

“考试要改革，要突破原有的框框，允许一些偏科的孩子发展自己的特长和兴趣。学生平时在学习中要少考，多学，知识面要广。学校要特别注意学生发展兴趣特长，甚至鼓励偏才。循规蹈矩的孩子未必有创造力，‘全才’不见得今后都会发展，有些是书呆子，没有什么戏唱。学校有了一定的自主权，有些专业的考试，考两科基础课，再选一门专业课未尝不可。”

“现在美国的大学里，前二三名很多是中国学生。中国人有特长，如聪明、吃苦耐劳。中华民族有很好的传统，但也有缺点，比如缺乏冒险家精神，小富即安，知足常乐。因此，世界级的大科学家、大企业家、大文豪都少。中国人有创新精神，但胆子不够大。”

“我一贯认为人才是事业成功的保证，因此，要特别重视人才的培养。”

“人才要多渠道持续培养。‘十年树木，百年树人’，急于求成、拔苗助长是培育不出高素质人才的。”

“知识是基础，是创新的基础。现在科学技术这么发达，你是个文盲，是不可能成功的。”

四 谈爱情婚姻

我追求的是内在与外表相统一的知音

袁隆平在安江农校待了很多年，依旧孑然一身。

在那个物资匮乏的年代，爱情几乎是奢侈品。而心高气傲、个性昭然的袁隆平对于爱情，依旧有自己固执的特定理想。

茫茫人海中，他只寻唯一灵魂之伴侣。

直到1956年，一次意外的支教让他遇到生命中的第一个恋人。

《诗经》中唱："林有朴樕，野有死鹿，白茅纯束，有女如玉。"袁隆平纯净的初恋，就像古老《诗经》中歌颂的爱情那样朴素简单。

然而，这场被所有人看好的恋情，最终夭折于一场莫名其妙的政治风潮。

离愁总是令人断肠。但是，那些像骨鲠在喉一样痛楚的告别，也许只是为了不让我们错过命中注定的她。谁说不是呢？

多年以后，蓦然回首，袁隆平才发现生命中那个对的人就在触手可及处。

终于，爱情就像火星，点燃两颗心中沉寂多年的原野……

没有爱，那又怎样

黄昏，校园笼罩在夕阳静谧的金色光线里。

晚饭过后，学生大多回家了，这是校园里每天最悠闲的一段时光。大家都喜欢带着老人、孩子去操场散散步，聊聊天。

这时，一阵悠扬的小提琴声响起。是舒曼的《梦幻曲》。

学校里那个多才多艺的袁老师又在拉他的小提琴了。大伙儿开玩笑说："嘿，这都成我们散步的背景音乐了。"

除了游泳和阅读，拉琴是他消遣时间最重要的方式。

这一年，他25岁。是这个偏远校园里，最有才情的青年班主任。

年少轻狂的激情，被他肆意挥洒在三尺讲台上。一走上课堂，他便神采飞扬。

> 自己追求的是那种内在与外表美相统一的知音。
>
> ——袁隆平心语

他擅长讲故事。因为成长岁月中经历过颠沛流离，亦博览群书，典故轶事随手拈来。

在这个几乎是藏在大山角落的学校，有些老师上课都是浓浓的乡音，而他流利的英文总是让人暗暗地心生敬意。

俄语是如此纠结的语言，他却能把苏联歌唱得风生水起。"跟我一起大声唱。"他命令道。同学们一边试图跟上他的节奏，一边大声嘲笑着彼此奇怪的发音。一节课下来，他们却惊讶地发现，那些怎么也记不住的"天文字母"已经深深印在脑海里。

他的课堂不拘泥在教室里，有时候是校园，甚至是野外。生物课，他带他们去观察刚探头的豌豆花，采集标本，去实验室用仪器读懂每一片叶子和花瓣。神秘的显微镜下，藏着一个奇妙而斑斓的世界。

他爱笑，在课堂上也不例外。晒得黝黑的皮肤衬托下，露出一排整齐的牙齿。

在同学们心中，这个总是精力充沛的袁老师，是多么奇怪的一个物种。听说他成长于书香门第，经历过漂泊的童年，在大城市里念过大学，可他身上，却没有一丝一毫城市少年的矫情和狂狷。

冬天，他总是穿着那件没有罩衫的“寡棉衣”。上课要擦笔记时，讲到一时兴起，他抬起手，袖口往黑板上一擦，速度快得令人瞠目。一个冬天下来，棉衣袖口就开了白花。

夏天，他倒是有一件很时髦的白衬衫。只是没几天，领口就脏了。隔壁的女老师给他出了个主意：将领子翻过来穿。第二天，他就兴高采烈地穿着翻领的白衬衣来上课了。

他过着清贫而简单的生活。他身上那件粗布衣裳，和我们的农民伯伯下地时穿的衣服毫无二致。单身宿舍里，一张简单的木床，一张老旧的桌子和一把椅子，衣服杂乱地装在几个纸箱子里。这就是他的全部家当。

他的声音和笑容都如此具有感染力。在他并不高大的身躯里，潜伏着一股暗流涌动的力量。

学生们都很喜欢他。他们甚至试图去模仿袁老师的发型和走路的样子。

生性桀骜的他一直留着“自由头”。蓬松的头发，像一只笨拙的雨燕织出的鸟巢。发现学生们模仿他的发型，他才冲到理发店，去剪头发。那会儿，最流行的是一种“一片云”的发型。也就是三七分，分得多的那一边刘海留长，耷在额头上，酷似“一片云”。

理发师建议他剪这种头发，他吓了一大跳，拼命摇头。最后，他剪了一个干脆利落的平头。这可是老爸似的发型！学生们这才作罢，不情不愿地又剪回他们的“一片云”。

> 说实话，那些总是琢磨着外表的姑娘，根本就不是我要追求的人。
>
> ——袁隆平心语

就是这样一位在孩子们心目中充满魅力的袁老师，却一直独身。

爱情，像那冬天去了的候鸟，迟迟不来。

热心的朋友和同事开始张罗着给他介绍对象。见过几个姑娘，却都没有了下文。在爱情上，他心高气傲，亦不愿妥协将就。而姑娘们都觉得他人是好，但穿着打扮也未免太随性了点。

同事们催促他，他总是笑着说：“不要急不要急，爱情这回事，总得有机缘。”那份坦然自若，仿佛是说别人家的事。

曲高和寡，谁人与唱

一个平淡无奇的夏天，学校的体育老师李老师的妻子找到了袁隆平“有一个姑娘……”

“我可不去啦。”没等嫂子开口，他就摇摇头。对这种从约定俗成开始的爱情，他开始感到厌倦。

热心肠的嫂子继续往下说：“这个姑娘是学校附近纺织厂的女职工。秀秀气气的姑娘家，性格却开朗得很，又朴实又率真……我已经跟她打过招呼了，那姑娘觉得老师挺好……”

游说的可不止嫂子一个，大伙儿都劝他去见见。

什么事都可以高效率、快节奏，唯有人与人之间的感情不可以催生，不可以速成。

——袁隆平心语

他犹豫了半晌，决定还是去吧。不仅决定去，他还决定带个“随从”去。大家都乡里乡亲的，多个人，就算没话说也不至于尴尬。他心想。

他叫上了曹胖公。此公真名曹延亮。是他的铁杆儿朋友。因为生得白胖端正、笑若弥勒佛、憨态可掬，大家伙送他昵称“曹胖公”。

袁隆平找到曹，把来意一说，他爽快地答应了，甚至郑重其事地回去梳洗了一番。

曹一边换衣服一边循循善诱：“我说伙计，怎么回事这是？你赶快回去换身衣裳洗把脸啊？瞧您这模样，不像去相亲，倒像去乡下……”

“有什么好换的。我相的是人，又不是衣服。只看外表的姑娘，我不要。我寻觅的，是心灵的知音。”在爱情这个问题上，他依旧是那么倔强而固执。

很快，他们见面了。相比于之前的几次相亲，这一次虽然依旧没有令人心颤的火花，气氛却史无前例地热烈。三个人相谈甚欢，聊了好半天。

意犹未尽地散去，性急的嫂子连忙去打探情报。她带回了一个出人意料的消息。姑娘看上的并不是黝黑瘦削的袁老师，而是西装笔挺的曹胖公……

曹当时也是一个单身汉，听说了这个消息，他又高兴又有点不好意思。袁隆平却乐得大笑。这样的阴错阳差，实在太有趣了。

很快，他们就结婚了。每回大家拿这件事打趣，豁达的袁隆平依旧以大笑回应。

这件事情，倒是更加坚定了他的信念：寻觅精神上的知音。

那个物资匮乏的年代，在某种程度上，爱情是时代的奢侈品。而个性昭然的袁隆平，对于爱情，依旧有着自己的特定理想。就如徐志摩曾言：我将于茫茫人海之中寻觅唯一灵魂之伴侣。得之，我幸。不得，我命。

校园里大枫树的叶子红了又绿，时间就这样不紧不慢地过去了。

直到一个平淡无奇的夏天，一份姗姗来迟的爱情让他措手不及。

用这一生，送你一程

1956年，初夏。牵牛花正巧笑嫣然，粉红的小喇叭在学校的围墙上摆开了盛宴。

在一个平淡无奇的晴天，袁隆平收到了一个通知。附近一所中学请他过去“支教”——给孩子们上生物课。他爽快地答应了。这一帮，就是好几年。

在这儿，他认识了一位女老师。这是一位活泼可爱的姑娘。她喜欢袁隆平率真的个性、肆无忌惮的笑容。而袁隆平也被她的温柔乖巧所打动。他们一块备课、一起做试验，到河边去散步，有时候，也为一个有分歧的题目争得面红耳赤。爱情，就像这个季节的菟丝花，在两颗越靠越近的心中，静悄悄地滋长。

没有炙热而滚烫的誓言，没有浪漫的花前月下，他们的恋爱若初春的香樟叶一般干净透亮。寒来暑往，转眼就是三年。

> 家庭对我来说从来就是精神的支柱。
>
> ——袁隆平心语

身边的人都催他们赶快结婚。当所有人都以为这段爱情即将顺理成章地开花结果时，一场莫名其妙的灾难发生了。

在1957年“被扩大化的反右派斗争”中袁隆平被划为所谓的“反革命家庭出身的中右分子”。他对这荒谬的名号不置可否。那些流言蜚语，让它去吧。既来之，则安之。他照常上课、读书、泡实验室和图书馆，拉起小提琴照样神采飞扬、雅兴不减。对即将到来的变故，他毫无预感。

这会儿，学校的领导正在找女孩谈话，神情凝重。“袁隆平的背景你不是不知道。如果你和他结了婚，就成了‘双料货’。要进步还是要爱情，你要考虑清楚。”

要进步还是要爱情。一个在我们今天看来近乎荒谬可笑的选择句式，在那时，让姑娘几乎五雷轰顶。

她躲在被窝里哭了。一夜不曾合眼。她早知自己出身不好，又有所谓的海外关系。少女时代，受到的那些白眼她终生难忘。她暗暗发誓，要凭借自己的努力改写命运。她勤奋、诚恳，拼命工作，这一切，都是为了告别年少的耻辱。而现在……

> 那时候政治压力大，在那个年代，有很多美好的爱情都成了政治的牺牲品。
>
> ——袁隆平心语

第二天，她红肿着眼睛照常去上课。风平浪静的表情下，藏着一颗伤痛无奈的心。她已决定，放弃爱情。

纵使今生不能再遇到倾心相爱的人，她只求过平常宁静的日子。这是一个多么卑微而令人潸然泪下的愿望啊。

善良而单纯的袁隆平，对这一切毫无预感。性情简单的他，并不知道这一夜发生了什么。

他一如既往地去找她。

他依旧唤她一起散步。

他照样约她探讨一个苦苦得不出结论的试验……

最初她只是委婉拒绝，渐渐地干脆避而不见。他终于醒悟了。

这天，他沿着夜幕下无声流淌的沅江，默默地独自走回宿舍。心重若磐石。

是谁说过，爱恨相生？事已至此，他心里却毫无恨意。政治风云变幻，人人如惊弓之鸟。命运像是一只翻云覆雨的手，而人如卑微的蝼蚁。一念起，一念灭，就是一生。

他不是没有见过，身边有些人，昨日还站在风光无限的舞台中央，今天便被一顶“牛鬼蛇神”的帽子压得透不过气来。他也不是没有听说过，昔日生死不渝的恋人，为了不可预知的未来，一夜之间反目成仇。

只是，他始料未及的是，这一切有一天会发生在自己身上。

从此，再也没去找过她。他变得安静起来：潜心上课、泡图书馆、做试验。

一年、两年、三年……他只是远远地看着她。看着她独自黯然神伤，看着她终于重新恋爱了，看着那个背景清白的男孩和她携手走进婚姻殿堂。

日子飞快地翻过。他不由得想起小时候，默写成语“日月如梭”时，他怎么也记不起“梭”这个字怎么写。从此，他便不太爱这个纠结的字。

现在，当真是日月如梭呀。

很快，又一个三年过去了。当年的女孩已经为人母。她的孩子都快牙牙学语了。

这天，她却请一个老师来送信。她说她要调走了，永远地离开这里。

如果愿意，请送我一程。

他去了。人来人往的站台上，他们相对无言。

《雨霖铃》唱到别离时说，执手相看泪眼，竟无语凝咽。曾真诚相爱过的恋人，站在一步之遥，却似横隔着无法抵达的万水千山。

近在眼前。却又远在天边。

二十几年的生命中，唯一一段刻骨铭心的爱恋，就这样义无反顾地宣告结束。

> 音乐，是声音的诗歌；音乐，是人生的补药。
>
> ——袁隆平心语

她走了。而他，依旧只身一人。

相识，相知，相别，这一晃就是七年。该用多少个七年时间，才能淡化这段苦涩的爱恋。它就像一根固执的鱼刺，卡在生命中爱情那一站的瓶颈处。拿出来，放进去，都有难以言说的痛，欲罢不能。

爱情，成了不肯触及也无法企及的禁区。他再也不轻易提起。

蓦然回首，你却在咫尺处

1963年初冬，走上讲台差不多整整十年了。袁隆平看着一届届意气风发的少年，像羽翼丰满的小雁飞出校园，奔向前程。

许多他教过的学生，对满腹才情的袁老师念念不忘。是他关于母校的记忆里，最温情脉脉的一笔。

谢万安和邓哲是安江农校59届的老同学，曾经都是袁老师的学生。一个偶然的机会，许久不曾谋面的他们聚在了一起。

多年不见，相谈甚欢。得知邓哲还是独身一人，谢万安为她满心惋惜。

这个美丽率真的姑娘，当年是学校活跃的文艺分子。能歌善舞，篮球场上更是巾帼不让须眉。但是在她少不更事的童年，父亲曾在国民党黔阳县政府任职，家里出租过一些土地供人耕种。在以阶级斗争为纲的年代，因为这些莫须有的罪名，她失去了至爱的父亲，哥哥也被关进了监狱。

这个倔强的姑娘硬是咬紧牙关，用柔弱的肩膀挑起了生活的重担。她从不向任何人乞求帮助，凭着自己的聪慧勤劳，悉心照顾着年迈的老母亲和哥哥留下的孩子。

我从小就喜欢拉小提琴，因为我听说爱因斯坦也喜欢拉小提琴，他拉得很认真，但技术不行，我拉得更认真，当然，我的技术恐怕比爱因斯坦还要差一些，我是乱弹琴。

——袁隆平心语

聊起爱情，邓哲淡然置之："得之我幸，不得我命。不肯妥协，不愿将就。"

她的话让谢万安忍不住想起了袁老师。同学聚会时，大家总会聊起他。他的幸福和惆怅，总是令仰慕他的学子感同身受。

袁老师等待的不就是这样一个女孩吗。善良、聪慧、淳朴，追求心灵的契合，有倔强的爱情理想。谢万安越想越觉得这实在是天作之合。

他试探着问邓哲的想法。邓哲含笑不语。在邓哲心目中，袁老师学识渊博、性格憨厚正直，一向是大家深深仰慕的师长和兄长。但他毕竟是自己的老师……

他们的老朋友王业甫听说了这件事，急匆匆地找来了。他是袁老师的忠实"粉丝"，当年在学校时还模仿袁老师的发型、说话。他们的老板——原来的老班主任曹老师听闻此事，亦拍掌叫好。大家多管齐下，极力撮合。在他们的密谋下，终于找到机会让两人见面了。

见到邓哲，袁隆平颇有几分惊讶。几年不见，当初稚朴的女孩，出落得如出水芙蓉般秀美动人。听说了她离校后的经历，这个看似娇弱的女孩令他平白生出了几分爱怜。

而在邓哲眼里，袁老师还是一如当年，瘦削黝黑，谈笑风生中，一脸笑容。他在大城市长大、读书，却留在偏远的农校安安静静地当孩子王，一待就十年，亦是不易呀……邓哲忍不住心里一动。她笑盈盈地坐下，落落大方地和袁老师聊了起来。

他们出身相似，都受过无辜伤害，感情历程中历经倔强的坚持和彷徨；他们对土地充满挚爱，倾心农学，胸怀理想……只是匆匆一面，两人却都有相见恨晚之意。

彼此的惺惺相惜让他们越走越近。袁隆平一有空闲，就开始穿梭于安江农校与农技站之间。骑着自行车，约上邓哲去看电影，去春天的山野里读书、散步。

她是家教传统的女孩，总是婉拒他送她回家。“给人瞧见了，多难为情。”

他爽朗大笑。“我们是大男大女谈恋爱，正正当当的，光明磊落，有什么难为情？就是要扩大影响，让大家知道。”

她于是抿嘴一笑，算是默许。

曾经以为不会再有波澜的心底，荡起了欢喜的涟漪。爱情，就在这一来一送间悄悄滋长起来。

一个温柔的午后，邓哲收到了生平第一封情书。

> 茫茫苍穹，
> 漫漫岁月，
> 求索的路上，多想牵上一双暖心的酥手。
> 穿越凄风苦雨，
> 觅尽南北东西，
> 蓦然回首，那人却在咫尺中。

> 一个小棚子，下面一口小猪，足矣——这是个“家”嘛。
>
> ——袁隆平心语

她将手捂在胸口，掩饰着狂乱的心跳，将短短的信笺读了一遍又一遍。没有女人会拒绝一首出自爱人之手的情诗，更何况它是那么真诚而炙热。时隔半个世纪以后，她亦清晰记得当年的那首小诗，它就像一颗火星，点燃心中那片沉寂多年的原野。

一个微风习习的晚上，看完电影，他送她回到农技站，已是深夜。

“我就不回去了吧。”他说。

“行。”她干脆地答应了。

于是，晚上他就在她的房子里打了一个地铺，安然地睡了下来。

她眼里，他总是那么豁达，泰然自若，不管是工作还是爱情。越来越多的接触之后，这个坚强而善良的女孩也深深俘获了他的心。建立在深刻理解和彼此信任基础上的爱情，虽然朴素平实，却有着强韧的生命力。

关心他俩的热心人，看在心里，喜在眉梢。他们打从心眼里，祝福这对穿越凄风苦雨的恋人。

执子之手，与子偕老

1964年正月初五，这是一个令袁隆平终生难忘的日子。

这一天，黔阳县职工业余篮球比赛在安江农校的礼堂球场举行。

因为场地是临时安排的，事先袁隆平并不知情。曹老师带邓哲去他宿舍里休息，看到穿着大红运动服的女孩笑眯眯地走进来，他竟有了微微的不安。

宿舍里如此简陋，他不知道该拿什么招待心爱的女孩。

曹老师帮忙打来一盆水。“来，来，洗个手。”

> 有一首歌是这样唱的：我想有个家，一个不需要多大的地方……这是对的。
>
> ——袁隆平心语

邓哲大大方方地接过脸盆，却发现盆边有个洞，正欢快地往外淌出一串水线。她将盆子侧放在架子上，一边洗手一边打量几乎是徒有四壁的房子。床上挂的蚊帐显得很旧，书桌上、凳子上、床头全部是书。她忍不住微微心疼起来。

这会儿，曹老师正悄悄地和袁隆平商量：“既然这么凑巧，不如把婚礼办了。”

“只怕太委屈了她呢。”他说。

心直口快的曹老师拉住邓哲，询问她意下如何。没想到，她毫不犹豫地答应了。曹老师高兴坏了，一溜烟跑出去找裁判长安排好场次，保证婚礼和比赛两不相误。

然后，他又陪着他们去办结婚证。多年以后，回忆起这一天，依旧满心欢喜，“我骑自行车带她去打结婚证。她说还要比赛呢。我就说，比赛反正明天再比吧，今天这个结婚证更重要。”

办事员将袁隆平的年龄33岁看成23岁。他瞪着他们两上下打量了半天，对邓哲说：“男方年龄比女方年龄还小两岁，你真的同意吗？”

邓哲扑哧一声笑了。曹老师连忙冲上前去，解释一番。

办事员挠挠脑袋，不好意思地笑了起来。

大伙儿都哈哈大笑。这个小插曲缓和了那些无以言述的微妙局促，两颗年轻的心里满溢着欢喜。小小的办公室里充满欢笑。

突如其来的喜讯，让校园里也沸腾起来。曹老师把这个喜讯一公布，大家奔走相告，都过来帮他们张罗。

曹老师拿了五十元，买了一大盒喜糖。一位姓周的女老师，送来一双崭新的红色绒布鞋。

正忙不迭地感谢大家的袁隆平突然想起，马上就要结婚了，他连新衣服都没有给新娘子买过一身。

“去给你买一件新衣服，好不好？”他悄悄地紧了紧手心里那只温柔的小手。

“不要。”她干脆利落地回答。

“那就去买一双鞋。”他看着她脚上的球鞋，说。

“也不要。”她摇摇头。

他于是不吭声了。

年轻的新郎是那么憨厚，新娘子一声拒绝他便下再坚持。事后，大伙儿笑他，哎呀，可没见过比你还笨的新郎。他嘴一咧，又是一脸灿烂笑容。愧疚却悄悄地在心里滋生起来。

> 我骑自行车带她去打结婚证。她说还要比赛呢。我就说，比赛反正明天再比吧，今天这个结婚证更重要。
>
> ——袁隆平心语

这份隐隐的不安，直到二十几年之后的一天才真正地弥补。那天，他应邀出国访问，几天的奔波，踏上祖国的土地，他迫不及待地想早点回家。这会儿，路过的橱柜里挂的一条裙子吸引住了他的视线。她穿上，会多好看呀。

他顿了顿，走进去。生平第一次给她买衣服，却不知道她穿什么尺寸。他笨拙地翻看一下商标，终究没弄出个究竟来。

“所有的码子都给我来一件。”他对服务员说。

“您确定？”年轻的女服务员有些诧异。

“是的。”他的笑容中带着一丝微微的得意。“总有一件，是她能穿的。”

回到家里。妻子看着这些一模一样的裙子，傻了眼。听他说完原委，她忍不住嗔怪地责备他，神情却欢喜得紧。

他怎么会忘记那一天呢。新娘什么都不肯要，那就没什么好忙碌的了。她利落地收拾着房间。他搓了搓手，高兴得不知道干什么才好。

就这样，没有喧天的锣鼓，没有流光溢彩的红轿，甚至连一身新衣服都没有，他们结婚了。两个年轻的生命，决定将自己的一生义无反顾地交付对方。白头偕老，生死不渝。

而事实上，连华丽的山盟海誓都没有。他只是一直都欢喜地看着她，满眼的感激和柔情。

夜深了，门扉掩上。简陋至极的宿舍，就是他们相许一生的婚房。

久远的年代里，那些简单的爱情，如此干净而纯洁。

> 我这辈子最大的幸福是，就在别人都不肯下嫁我的时候，邓哲几乎毫不犹豫地答应了我的求婚；在我人生最困难的时候，她始终和我在一起。
>
> ——袁隆平心语

第二天，邓哲还有好几场比赛，她早早起床了。望着睡眼惺忪的他，她张口就来了一句："袁老师……"

他忍俊不禁："哈哈哈，你还叫我袁老师？"

她也笑了。那该怎么叫？这可难住了他们俩。

这会儿，袁隆平却想起了另外一件事。"你的名'则'与'贼'近音，我们把它改成'哲'如何？"

"好啊。"邓哲笑眯眯地同意了。

生命中新的一页翻开了。从此，不管是事业上，还是生活上，他将不再彳亍独行。

"我这辈子最大的幸福是，就在别人都不肯下嫁我的时候，邓哲几乎毫不犹豫地答应了我的求婚；在我人生最困难的时候，她始终和我在一起。"

邓哲，这个平凡而美丽的女人，有着典型东方传统女性的所有美德。善良、坚韧、勤劳、淳朴。在他潦倒的时候，她倾其所有照顾他、陪伴他。在他荣誉等身、声名鹊起之时，她站在他身后，始终面带安静而从容的微笑。

这历经半个世纪的爱情铅华洗尽，纵使他成为誉满全球的"杂交水稻之父"，在她眼里，他还是当年那个憨厚的袁老师。

袁隆平名言

“说实话，那些总是琢磨着外表的姑娘，根本就不是我要追求的人。”

“专门琢磨衣着的人，不是我自己要追求的女性。自己追求的是那种内在与外表美相统一的知音。”

“她对我印象比较好，认为我的课讲得好，爱打球，爱搞些文艺活动啊，又会拉小提琴啊。她也很活跃，喜欢唱歌、跳舞，也喜欢运动，爱打球，还是黔阳县篮球运动代表队队员呢，因此我们很情投意合。”

——深情回忆与妻子的初相识

“我骑自行车带她去打结婚证。她说还要比赛呢。我就说，比赛反正明天再比吧，今天这个结婚证更重要。”

“邓哲非常支持我的工作，也懂专业。”

“什么事都可以高效率、快节奏，唯有人与人之间的感情不可以催生，不可以速成。”

“家庭对我来说从来就是精神的支柱。”

“我经常在想，有你（邓哲）这样一位贤德的妻子，这的确是我和全家的福气。”

“我这辈子最大的幸福是，就在别人都不肯下嫁我的时候，邓哲几乎毫不犹豫地答应了我的求婚；在我人生最困难的时候，她始终和我在一起。”

“音乐，是声音的诗歌；音乐，是人生的补药。为了更好地生活，我们当悉心倾听音乐；倾听音乐，才能更好地领悟音乐；领悟音乐，才能更好地驾驭生活。我喜欢古典音乐，中外的古典音乐我都很喜欢。”

“我从小就喜欢拉小提琴，因为我听说爱因斯坦也喜欢拉小提琴，他拉得很认真，但技术不行，我拉得更认真，当然，我的技术恐怕比爱因斯坦还要差一些，我是乱弹琴。”

“有一首歌是这样唱的：我想有个家，一个不需要多大的地方……这是对的。家再大，你也只能睡一张床，资产再多，你每天也只能吃三餐饭，对不对？所以，我对钱这个东西看得很淡，够用就行。”

“一个小棚子，下面一口小猪，足矣——这是个‘家’嘛。这个棚子就是上面的宝盖头，下面这个‘豕’字，古代讲不就是猪嘛。”

——记者问及“您这一生希望有多少资产”

尊重权威，但不迷信权威

米丘林的无性杂交理论，现在看来几近荒谬。而在当时，却盛极一时。

甚至，有明文禁止传授其他相悖理论。

较之权威，袁隆平更热爱实践。通过嫁接，袁隆平种出了一株神奇的硕薯，上面是月光花，下面结出了一个硕大的红薯。

当所有人为之欢呼鼓舞时，年轻的袁隆平表现出了超乎年龄的理智和冷静。这只是考验无性杂交理论的开端，如果收获的种子来年并不能繁殖出红薯，说明这只是一场可笑的变异。

与此同时，前所未有的大饥荒来袭。

粮食极度短缺，水稻无法增产。焦灼像火焰一样炙烤袁隆平的心。

他如此迫切地渴望做点什么，却一度困在无性杂交的泥沼里。直到一个偶然的机会，他接触到了基因遗传学……

为月光花建一座小屋

这天清早，袁隆平左手抱着一床被单，右手拎着一瓶墨汁出了门。他来到宿舍楼下，将被单在地板上铺平整，拧开墨汁瓶盖，哗啦啦地往被单上泼。

路过的老师看见了，大吃一惊。“您这演的是哪一出？”

“做实验用的。”他忙于手上的活计，头也不抬。

“实验？‘实’完了这被单还能睡人吗？”旁观者愣了半晌，摇摇头，走了。“这个袁老师啊，尽干些叫人看不懂的事儿，这也不是头一出。”

> 尊重权威，但不迷信权威。
>
> ——袁隆平心语

折腾了半晌，他拎着染黑的床单，哼着小曲儿喜洋洋地朝试验地跑去。

地里种着几株月光花，叶片上滚动着来不及褪去的晨露，白净的花瓣正吹出一个个硕大的喇叭。他用木棍做支架，小心翼翼地用床单为它们搭出了一个小黑屋……

他到底在干什么呢？这事说来话长——

20世纪50年代在中国的遗传育种界，将苏联的米丘林、李森科奉若神明。生物学老师上课，只允许讲授他们的无性杂交理论。

他们认为，植物后天受到环境影响，所产生的新形状能够遗传下一代。既然如此，通过营养培养等处理，就能培养出形状优良的无性杂种。

大多数生物老师都是照本宣科，对此理论深信不疑。“尊重权威，但不迷信权威。”生性好奇的袁隆平，决定亲自做一回实验。经过慎重考量，他选择了月光花和红薯作为实验对象。

月光花是花谢后结籽，而红薯的种子来自它生长在地下的果实。他的设想是，将月光花苗嫁接到红薯苗上，下面长红薯，上面结籽，这样以后播种红薯时就能节省大量的种薯。

在粮食短缺的年代，一个种薯所能繁育出的果实，就意味着一家人的晚餐。

就这样，怀着几近虔诚的美好愿望，他播下月光花种、扦插了几株精心挑选的薯苗。它们的个头蹿到恰到好处的高度时，他将花苗嫁接到了薯苗上。

经过一段时间的观察，他很快发现了问题——两种植物的生长期不完全同步。为了让月光花在短光照环境下尽快结籽，他想出了用黑布为它们搭个小屋的办法。可是，在物质匮乏的当时，连买一块做衣服的布都要凭票供应，他如果去供销社买一块“用来给月光花挡太阳”的布，铁定会被当成疯子轰出来。

苦思冥想了一会儿，他看到床上的被单，眼前一亮，有了主意。于是出现了故事开头那一幕。

从走进安江农校那一天起，实验这两个字几乎贯穿了袁隆平的一生。在寻找实验材料这件事儿上，他表现出了非同寻常的想象力和创造力。做无性杂交试验时用床单为月光花做巢；研制杂交水稻时用为了让花粉尽快传播，他用稻草搓成长绳从禾尖上一一拂过，并美其名曰“赶花”；没有足够的钱买实验钵时他带着学生到窑厂搜寻老旧的瓦罐……

> 在种种“权威”的压力面前，我坚信：真正的权威永远来自实践。
>
> ——袁隆平心语

这些听起来几乎有几份浪漫色彩的故事，细细品来，其实背后满是心酸。是什么力量让他坚持不懈？当我们坚持不懈地做一件事情时，便能激发出潜伏在生命里的无穷力量。

一株离奇的硕薯

在袁隆平的悉心照料下，这株奇特的植物噌噌地蹿着个儿。收获的季节到了。它没有辜负他的期望，挤开温软的黄土，一个巨大的红薯骄傲地躺在粗壮的薯茎下。

一过秤，13.5公斤。用90后的话说，这叫：哥种的是红薯，挖出的是南瓜。

当这个比南瓜还大的红薯，被哼哧哼哧抬到学校的试验田埂上时，它以其硕大的身姿，毫无悬念地征服了所有在场的观众。

大家奔走相告。黔阳县地委甚至在试验田里召开了热烈的表彰大会。记者蜂拥而至。每个人脸上都洋溢着发自内心的笑容。

不过是一个红薯而已。它的尊容上了报纸，上了电视。甚至有人大老远闻讯赶来，只为了看它一眼。对饥饿的恐慌，令人们对一切大个头的食物都充满敬意。

这会儿，它的主人却忧心忡忡地站在田埂上。他一向不爱做大张旗鼓、抛头露面的事，这纷沓而至的人群令他有点莫名其妙的心慌。最重要的原因是，他心如明镜，这个试验才刚起步。对于它的种子是否能如预料地顺利繁殖，他毫无把握。如果播下的种子并不能长出红薯，这个试验在遗传学上就毫无意义，仅仅是一场可笑的变异。

第二年是1958年。在他的迫切盼望下，新的播种季节如期而至。这一次，他决定多做一些尝试。他不仅嫁接了月光花，还将西红柿和马铃薯、西瓜和南瓜嫁接到一起。

> 作为一个科学家，不能迷信权威，迷信书本，也不能因为取得一丁点的成绩就沾沾自喜，居功自傲。科学是没有止境的。只有敢于探索敢于创新，才能成果迭出，常创常新。
>
> ——袁隆平心语

可惜的是，他的担心被证实了。嫁接后结出的种子，长出的是月光花苗，开出的是月光花，地下是月光花那该死的孱弱的根，连半个红薯的影子都没有。

传说中后天培养所带来的“优良形状”，消失得无影无踪。

尽管一直心存疑虑，看到这一幕，袁隆平还是有点目瞪口呆。

这一切是怎么回事？按照米丘林的理论，它应该像它那风光无限的爹一样，有着硕大的个头和令人震惊的重量。就算个头小点，也就算了。这下倒好，它干脆把自己长没了。

“没有错误的实践，只有错误的理论。”难道，米丘林的无性杂交理论是错的。他被自己的想法吓了一大跳。这可是国际遗传学界的权威专家——教科书里都是那么说的。

袁隆平心事重重地回到了学校。

一个崭新的名词

正沉浸在迷惑中无法自拔的时候，一个偶然的机会，袁隆平接触到了基因遗传学说。

欧美的孟德尔和摩尔根创立了染色体基因遗传学说。他们认为，杂种优势是大自然生命繁殖的普遍规律。这个神秘而复杂的规律能有效地应用在良种繁育中。

按照他们的观点，米丘林所谓的“无性杂交”是外因决定论，几近荒谬。他们甚至嘲笑米丘林、李森科“可以从棉花的种子培育出骆驼”。

按照杂种优势理论，只有通过优良品种杂交，染色体基因进行遗传，才可能种出性状优良的红薯。企图让嫁接月光花苗结出的种子长出红薯，如同幻想棉花种子里冒出一只有胳膊有腿的骆驼一样荒谬。

这场远在太平洋那边的学术博弈，令他醍醐灌顶。

原来如此。以一个生物学痴迷者敏感的职业直觉，袁隆平对“杂种优势”这个崭新的名词充满渴望。他迫切地想了解关于这个名词的一切。

他去图书馆、阅览室翻找，找资深同行请教，令人遗憾的是，在学术环境封闭的20世纪五六十年代，他所能了解到的始终只有一些零星片断。

> 粮食是生存的基本条件、战略物资。这对我触动很大，心灵受到震撼。
>
> ——袁隆平心语

暑假，他带着满腹疑问只身来到北京。他要去见一个人——中国科学院著名的生物遗传学家鲍文奎先生。他一直记得，当年在母校，最令他崇敬的管相恒教授时常提起这位鲍先生。他是一位坚定而且尖锐的“米丘林反对者”，他的育种研究甚至因为“与米丘林学说相冲突”一度被迫终止。但是，这位勇敢的科学斗士并没有因此放弃自己的见解。

鲍先生被这个贸然来访、皮肤黝黑的男青年吓了一跳。问明来意后，他不禁有些动容。是什么样的力量让一个个普普通通的中专老师，不远千里求证一个在当时中国学术界几近边缘的理论。

事情过了半个多世纪，现在已然无法考证当时两个人具体聊了一些什么。唯一可以确定的是，这一趟北京之行无疑给了年轻的袁隆平莫大的鼓舞。

回到安江，他一头扎进了图书馆，翻阅了大量的外文资料，遗传学的理念在他脑海里渐渐清晰。

发现稻谷的力量

1960年，全国性的粮食减产，全国面临前所未有的大饥荒。饥饿，像一个游荡的幽灵，给刚获得新生的大地带来令人窒息的恐慌。它渐渐漫延到地处偏远的安江。纵使有粮票，也很难得买到大米，能换一些糖果已是很幸运。老师和学生一起山上挖蕨根、找野菜，成为常见的一幕。

> 本来我就有改造农村的志向，这时就更下了决心，一定要解决粮食增产问题，不让老百姓挨饿！
>
> ——袁隆平心语

袁隆平和一些老师在菜园里种了一些菜，暂时还不至于挨饿。植物学的老师种出来的菜即使在饥荒年代，依旧郁郁葱葱，生机盎然。

一天中午，袁隆平在菜地里拔了一些胡萝卜，煮了一大锅，叫上几个同事一起打牙祭。正吃得热火朝天，一个同学闯进来，说是找袁老师问题目。袁隆平一把拽着他坐下来，来来，先吃点东西再谈。他望着热气腾腾的菜锅，早就垂涎三尺了。袁老师这番盛情正合心意，他略作推辞，便坐下敞怀痛吃。不过一盏茶的工夫，只见该生以风卷残云之势将大半锅萝卜狼吞下腹，各位老师不禁面面相觑，目瞪口呆。回过神来，该生意犹未尽地灌下最后一口清汤，百般感慨地说，对不起，我实在是太饿了，很久没有如此饱餐一顿了。袁隆平望着他的清瘦模样，不由得一阵心酸。这些孩子正是长身体的时候啊。

没过几天，袁隆平路过集市，发现很多人围在一起，他拨开人群一看，只见地上躺着几个骨瘦如柴的饿殍。一阵揪心的痛突袭而来。这还是他生平第一次见到活生生被饿死的人。"这些无辜的老百姓，何故遭此横祸。"他喃喃自语，一脚深一脚浅地回到学校，将自己关进房间，却关不掉脑海里大街上那凄惨的一幕。这天晚上，他失眠了。他第一次感到自己的渺小，以及心有余而力不足的悲哀。作为一个偏远农校的老师，他又能为此做点什么呢。

当时，很多地方都为老百姓开办了夜校，学习实用的生产技术。从他种出红薯王那会儿开始，袁隆平就在当地夜校讲授红薯育种和栽培技术。经过长期的实践和试验，他自信在这一块算是有实战经验的行家。令他始料未及的是，他发现前来听课的农民兄弟越来越少。而隔壁班却总是挤满了人。他走过去一瞅，原来是学校的同事在讲授水稻的高产栽培技术。

下课后，袁隆平逮住几个“学生”，问个究竟。他们摇摇头，告诉他，红薯是杂粮，吃多了也不顶饿，真正能填饱肚子的还是大米啊。

袁隆平顿时如醍醐灌顶。将再多的时间和精力用在红薯增产研究上，还是不能解决老百姓的根本问题。稻谷，才是经过千百年验证最符合中国国情的主食。怎样才能提高水稻的产量呢？他独自踱步在沅江边，苦苦地思索着。

老农给予的启示

面临饥饿的威胁，全国师生都响应中央号召，深入农村支持农业。在此危难关头，作为地处乡野的安江农校义不容辞。几乎所有的老师都带着学生来到田间地头，和农民一起参加生产劳动。

袁隆平带着学生来到石夹洲公社秀建大队，他被分住到生产队干部老向家。一天，外面下着瓢泼大雨，他和老向坐在门口有一搭没一搭地唠着嗑。老向家的小女孩怯生生地靠在父亲身旁，吸吮着脏兮兮的手指头。

突然，小女孩趁父亲不注意，抓起一把谷箩里的稻谷就往嘴巴里塞。老向冲过去，啪的就是一巴掌。袁隆平赶紧上前劝住老向。孩子还小，不懂事啊。小女孩嘴里含着稻谷，一屁股坐在地上号啕大哭，一边哭一边说：“我饿，呜呜……”

老向放下巴掌，将拳头狠狠地砸在门上。看着女儿伤心欲绝的样子，这个五大三粗的汉子在瞬间潮湿了眼眶。“袁老师，不是我要存心打孩子，这些稻谷不能动啊。它是我翻山越岭，从隔壁村换来的谷种。全村人今年的收成，都全靠这些种子了。”

> 科学是老老实实的学问，是就是，非就是非，来不得半点马虎和虚假。
>
> ——袁隆平心语

在传统理论的阻力和束缚面前，只有靠实践去检验，去创新。

——袁隆平心语

“换来的谷种？”袁隆平不禁有些疑惑。

“是啊。”老向叹了一口气，继续解释道，“隔壁村里的谷种比我们这收成高，去年我到他们那换稻种，产量较之往年略高一些，这年就没有吃国家的返销粮。能给国家省一点是一点啊。”

原来是这样。袁隆平点点头，紧紧地握住了老向的手。在缺衣少食的时候，不是坐等国家救济，而是自己想办法，通过改良品种来战胜饥饿，这些老农民真了不起啊。

这件小事给了袁隆平莫大的启发。改良种子的品种，其实就是粮食增长最直接的途径呀。

像冰山一样遥远的梦想

就在此时，袁隆平从《参考消息》上看到，英美遗传学家根据基因遗传学说，已经研究出遗传物质的分子结构模型，使遗传学研究进入了分子水平，从而获得诺贝尔奖。

事实胜于雄辩。在国外，遗传学已经初露锋芒。杂交玉米、高粱和无籽西瓜开始大量生产。利用植物的杂交优势就能通过改良品种，大幅度提高农作物产量。可惜的是，作为世界上最重要的主要粮食作物——水稻尚未取得突破。

为什么水稻的杂交优势不能利用？袁隆平又一次产生了深深的疑惑。

“在传统理论的阻力和束缚面前，只有靠实践去检验、去创新。”

“在种种‘权威’的压力面前，我坚信：真正的权威永远来自实践。”

翻阅过大量的相关资料后，他又多次来到稻田里细致观察。原来，水稻的颖花很小，而且它的雄花和雌花都长在同一朵颖花上。也就是说，通过人工手段分离住在同一朵颖花上的雌花和雄花，使不同颖花之间的雄雌花杂交，从而生产大量的杂交水稻。

水稻增长一直是全世界农业科学家密切关注的问题。当时，我国也有许多研究水稻方面颇有成就的科学家。但是几乎没人设想过“杂交水稻”的可能性。它就像一座遥不可及的冰山，光芒璀璨却无从抵达。

袁隆平名言

“在种种‘权威’的压力面前，我坚信：真正的权威永远来自实践。”

“在科研中遇到的最大困难是没有创新的新思路。”

“在创新中‘知识’尤其重要。有知识，并得以不断积累更新，是创新重要的基本条件。”

“粮食是生存的基本条件、战略物资。这对我触动很大，心灵受到震撼！”

“作为一个科学家，不能迷信权威、迷信书本，也不能因为取得一丁点的成绩就沾沾自喜，居功自傲。科学是没有止境的。只有敢于探索敢于创新，才能成果迭出，常创常新。”

“当时是一边倒，什么都向苏联学习，我当时迷信苏联，就按米丘林学说搞无性杂交，把番茄嫁接在马铃薯上面，把西瓜嫁接在南瓜上面，搞得西瓜不像西瓜，南瓜不像南瓜，后来才醒悟过来，便偷偷学孟德尔经典遗传学。”

“幸亏我猛醒得早，如果老把自己拴死在一棵树上，也许至今还一事无成。”

“尊重权威，但不迷信权威。”

“从某种意义上说，是稻米养育了人类。”

“科学是老老实实的学问，是就是是，非就是非，来不得半点马虎和虚假。”

“要及时摆脱保守思想的束缚，闯出一条属于自己的路。”

“没有错误的实践，只有错误的理论。”

“科学是不分国界的，更何况还是自然科学。”

“那时候我是有点雄心壮志的，看到农民这么苦，我就暗下决心，立志要改造农村，为农民做点实事。”

“专注地做好每一件事。无论是大还是小，都用心去做。”

“人的时间和精力是有限的，而学问是无穷无尽的，要做好一件事情并不容易。”

“做事先做人，这是老生常谈，也是我这一辈子最深刻的感悟。”

“如果对民族、对国家、对社会、对人民没有感情，就很难成就一番事业。有了感情，才会为社会做一些事情、献一份爱心，这样你才会有欣慰感。搞科研，应该尊重权威但又不能迷信权威，应该多读书但又不能迷信书本。科研的本质是创新，如果不尊重权威、不读书，创新就失去了基础；如果迷信权威、迷信书本，创新就没有了空间。还不要害怕冷嘲热讽、标新立异。如果老是迷信这个迷信那个，害怕这个害怕那个，那永远只能跟在别人后面。只有敢想敢做敢坚持，才能做科技创新的领跑人。”

“科学研究就是创新，没有创新就不要搞科研，这才是科学研究的本色。因此，我觉得思想自由对科学研究、对创新是很重要的。在学术上，我不主张做书呆子，而要发挥自由思想。”

“工作上是严谨，生活上可以散漫。那不需要统一，完全不需要，毛主席在工作，他是晚上工作，白天睡觉，他也散漫，你别看毛主席，我看到他有时候生活也很散漫。生活上的自由散漫，不见得那是工作，又是另外一回事，它有它的严谨。我搞研究也是一丝不苟的，这个东西实事求是，从不夸大，也不缩小，实事求是，正确的就是正确的，错误的就是错误的。”

六 谈科研方向

不仅大方向要对，还需要有一点幻想

在实验地里偶然发现的一株彪悍稻苗。某种程度上改变了袁隆平的人生轨迹。

它繁殖的后代的全部形状，与孟德尔基因遗传学中的分离律完全吻合。也就是说，它就是一株传说中的天然杂交水稻。

袁隆平给自己科研生命，找准了一个生死攸关的大方向。

他奋笔疾书，拟写了中国历史上第一个杂交水稻三系配套理论。

要实现这一近乎天方夜谭的梦想，谈何容易。任何微小的纰漏都会导致所有努力付诸东流。

但是。搞科研是需要有一点幻想。他暗暗鼓励自己。

于是，这天晚上，他做了一个曼妙无比的禾下乘凉梦。这个梦成了他跋山涉水、为之追随一生的精神力量。

袁隆平推开的这扇门，即将深刻地改写无数人的命运。

发现一株彪悍的稻苗

1960年一个平淡无奇的夏天，放学后，袁隆平照样来到校园附近的早稻试验田里。正是稻谷成熟时节，金黄的稻穗在风中起伏，饱满的谷粒摩肩接踵，窃窃私语。看着这些长势喜人的稻苗，袁隆平吹着口哨，满意地打了一个响指。就在这时，他突然发现了一株鹤立鸡群的稻苗，它比周围的兄弟足足高出一大截。一阵风吹来，沉甸甸的谷穗冲岸上唯一的观众骄傲地摇摆了一番丰腴的躯干。袁隆平拨开禾丛，小心翼翼地来到这株傲视群雄的稻苗前。他细细数来，这株稻苗有十几穗，每一穗都结有谷粒167粒。这个数据令袁隆平惊叹不已。这可是他在试验田里发现的最彪悍的一株稻苗！

> 只要方向是对的，尽管有挫折和失败，通过努力，最后还是会成功的。
>
> ——袁隆平心语

袁隆平在它身上系上红丝带用作记号。很快，稻谷成熟了，他小心翼翼地将这株稻苗的种子全部收集起来。第二年春天，他把这些沉甸甸的种子播种到了一小块试验田。很快，绿油油的小秧苗就在水田里迎风招展。一共1024株。一有空，他就跑到田边照料它们。这些不起眼的小秧苗，寄托着他殷切的期望。如果这些苗儿能像它们的母亲那样穗儿高、果实多，那该多好啊。

日子一页一页飞快地翻过。秧苗渐渐长大，抽穗、扬花、结实。谁知道，这些不争气的苗儿令人大失所望。它们的生长过程较之常规秧苗，甚至有些畸形。抽穗时间不一，有的快扬花了，有的却才慢吞吞地抽出一两根歪歪扭扭的稻穗。稻苗有的高，有的矮，有的结穗多，有的结穗少。但是，几乎没有一株能赶上它们的母亲。望着这一丘形状各异的稻苗，袁隆平大惑不解，这是怎么回事呢？它们压根儿就不像来自同一个母亲的孩子。在试验田里，他还是第一次看到这样的现象。

带着满腹疑问，袁隆平虽然心存失望，但还是悉心照料着它们。一个周末的晚上，几个同事邀袁隆平一起玩扑克。袁隆平心不在焉地抓牌，满脑子却是白天的疑问。就在这时，一道耀眼的闪电划过夜空，轰隆隆，伴随着骇人的雷声，大雨倾盆而至。

突然，袁隆平从凳子上一跃而起，如离弦之箭般冲出门去，他的身影很快消失在雨中。天啊，这家伙不是被雷炸疯了吧。大伙顿时面面相觑。顷刻，回过神来，几个人连忙追了出去。大家一路追着脚印，竟然来到了学校的试验田里。只见他一边用锄头实田基，一边大声道："你们有毛病吧，追着我干什么，这沿基不用田泥勾实一点，大雨一冲就垮掉了。"大伙儿连呼上当，拔腿四散而去。

勾好沿基，大雨丝毫没有要歇停的意思。袁隆平颇不放心地看了一眼这一小丘奇奇怪怪的秧苗，转身往家里跑。回到家中，袁隆平突然想起了孟德尔基因遗传学中的一个概念：分离律。它认为，常规水稻品种的第二代性状会保持基本一致，只有杂交水稻品种的第二代才可能出现性状分离。

> 搞科学实验还是要有一点幻想才行的。
>
> ——袁隆平心语

按照这个理论，难道它们的母亲，也就是去年发现的那株高大水稻是一株天然杂交水稻？袁隆平顿时醍醐灌顶。如果真是这样，这些高矮不一、良莠不齐的稻苗身上所有的疑问就得到了最合理的解释。

第二天，天刚亮，袁隆平就拿着记录本来到试验田里。他胡乱挽起裤脚，踩进稻田，一株一株地数了起来，一边念念有词一边在本子上记下一个个数据。数完后，他回到家里，用分离律对这些数据进行细致分析。一番分析比较之后，他惊讶地发现，事实证明了他的猜测，这些数据完全符合孟德尔的分离律。

禾下乘凉梦

袁隆平激动不已。天然的杂交水稻如何形成？只有一种可能，就像人类中会有男性生殖性疾病导致不育一样，水稻中肯定也有雄性不育株。由于自身的雄花无法播种繁殖后代，所以雌花只好与其他种株的雄花杂交，从而顺利结实。在通过之前对基因遗传学的案例研究中，他知道，杂交高粱的研究，也是从找到天然的雄性不育株开始。

由此推理，只要想办法让天然的水稻雄性不育株其性状完整保持下去，就应该可能培育出人工杂交水稻。袁隆平咕噜喝了一大杯凉水，冷静了一会儿，用笔飞快地推算起来。

要实现能大量投入生产的杂交水稻，必须有这么几个步骤：

第一步，找到天然雄性不育株。这是培养雄性不育系的基础。

第二步，培育保持系。培育出一种植株，它与雄性不育株杂交后，产生的后代能百分之百地保持和继承雄性不育的性状。也就是说它们结合后，生出的孩子是大量的雄性不育株。只有这样，才能解决杂交水稻传宗接代的问题。

第三步，培养恢复系。培育出另外一种植株，它与雄性不育株杂交后，产生的后代彻底恢复雄性可育的特性，并且品性优良，便可投入稻田大量生产。

人类许多奇迹往往是从梦想开始的。神奇的梦想其实就诞生于平凡之中，也能够在平凡之中成真。这种梦想是不脱离实际的美梦，是指导我事业追求的强大动力，使我付出毕生热血和精力为之奋斗不息。

——袁隆平心语

粗一看来，这杂交水稻的蓝图似乎寥寥数笔便可绘就，事实上谈何容易。不育系、保持系、恢复系要实现完美配套，每一个步骤都不能有丝毫疏忽。光是在浩渺的水稻品种中，筛选最适合的植株与不育系杂交，就是一个相当浩大的工程。这个过程中，任何微小的纰漏都可能导致所有的努力付诸东流，功亏一篑。

然而，纵使梦想远在天边，纵使征途艰险重重，袁隆平都决定上路了。他并没有像那些只会空喊口号的人一样，满脑子都是大字报。他发誓要为国争光，拯救黎民百姓。只要杂交水稻研制成功，他们就能告别饥饿了。他单纯地想。

这天晚上，他做了一个梦。梦见硕大的禾苗像一棵树一样在阳光下傲然挺立，而他斜躺在禾苗下面，惬意地跷起二郎腿乘凉。这个几近天方夜谭的梦境，成了他跋山涉水、为之追随一生的精神力量。

“人类许多奇迹往往是从梦想开始的。神奇的梦想其实就诞生于平凡之中，也能够在平凡之中成真。这种梦想是不脱离实际的美梦，是指导我事业追求的强大动力，使我付出毕生热血和精力为之奋斗不息。”

20世纪60年代，在充斥着米丘林无性杂交理论的整个中国教育界，基因遗传学几乎算是一块边缘地。在那些充满彷徨和疑惑的岁月里，基因遗传学给他打开一条微小然而很关键的门缝。在门缝的微光里，他看到了一个更为浩渺的世界。

他当时才二十余岁，一位任教于偏远农校普普通通的中专教师。他凭着青春的冲动和激情，一个年轻人笃定的社会责任感，一个初出茅庐的学者那掺杂着几分鲁莽的睿智，毅然出发了。

年轻的袁隆平，也许自己都没有想到，从此“杂交水稻”这四个字将深深地镌刻在他的人生历程里。他的一生将奉献给这项伟大的事业。

他推开的这扇门，即将深刻地改写无数人的命运。

寻找女儿稻

水稻是自花授粉的植物，雌雄同花。神秘的造物主，赋予大自然中的事物诸多有趣的性状。许多动植物的雄性都比雌性漂亮、张扬。如孔雀中只有雄孔雀能开屏，绚丽魅惑的尾羽是他寻觅伴侣的广告招牌。

> 搞科学研究，首先一个不要怕失败。你要怕失败，你就不要搞研究；第二呢，你不要怕辛苦。
>
> ——袁隆平心语

就连稻花也不免其俗。住在同一朵颖花上的雌蕊娇小玲珑，而雄蕊艳丽硕壮，盛放时覆满金黄的花粉。它们只需乘着一阵微风，就能雄赳赳气昂昂地飞到雌蕊上，使其受孕。

水稻中的天然雄性不育株，雄蕊发育不良，无法为雌蕊授粉。科学界有人为它取了一个美丽而忧伤的名字——女儿稻。

只闻其名，素未谋面，袁隆平只能在茫茫稻海中，凭借自己的猜测和多年的实践积累去寻找传说中的女儿稻。

1964年6月，水稻正值扬花吐穗之时。这也是寻找女儿稻的黄金时段。水稻的花期很短，一结束，女儿稻便湮灭在稻海里，难觅芳踪。

每天，袁隆平吃了早饭就直奔试验田，兜里揣着俩馒头，算是中餐，在稻田里一直待到下午。每隔一定距离检查一株稻苗，每一株检查一簇稻穗，发现异常就在上面系一根布条。

时间一天天过去了，他几乎一无所获。头顶烈日，脚整日泡在冰凉的水中，他患上了苦不堪言的慢性腹泻。令他更为焦虑的是，花期眼看就要过了。倘若没有找到女儿稻，又要等上整整一年。

稻浪在阳光下起伏，沙沙的声响仿佛在嘲笑他。袁隆平想起了凡·高，他总是在阳光最毒辣的中午去麦田画画。难道大自然的秘密和艺术的灵魂一样，总是用种种极端的方式考验世人的耐性?不言弃者，才给予其机会一睹芳容。

生命大抵如此，很多时候我们奔着鲜花而去，谁知路上荆棘丛生。

“然而，只有不断找寻机会的人才会及时把握机会。”

远远的，妻子的呼唤声驱走了他满脑子不着边际的幻想。她担心他吃不饱，送来了水和点心。袁隆平心不在焉地草草吃完，又挽起裤脚下了田。

妻子心疼地看了他一眼，什么也没说，也跟着他下田一块寻找。

“日复一日，没有收获，但我总是乐观地期待着明天。”

日复一日，没有收获，但我总是乐观地期待着明天。
——袁隆平心语

就是在这一天，袁隆平终于邂逅了日思夜想梦寐以求的一株女儿稻。这株奇怪的稻苗，雄蕊萎靡矮小，柱头也不像正常花蕊覆满鲜黄花粉。轻轻地摇晃稻苗，它也没有一点散粉的意思。

他小心翼翼地捧着珍贵的女儿稻，一路狂奔到实验室。

显微镜下显示，大多数颖花的花药不开裂，花粉数量很少而且发育不全。经过碘实验发现，它的性状较之正常水稻确实有所不同。它们证明，这确实是一株货真价实的女儿稻。

这是一个中国科学史上值得书写一笔的日子。在中国的土地上第一次发现雄性不育株。它预示着杂交水稻的可能性。

袁隆平并没有沉浸在喜悦中无法自拔。他为第一次遇到的女儿稻做了细致的观察记录后，转身又匆匆下了田。

为女儿稻做红娘

第二年，水稻的扬花期刚到，他就一头扎进了稻田里。不仅在安江农校的试验田，学校附近生产队的试验田里，也经常有他埋头苦找的身影。

两年时间，袁隆平翻遍几十万个稻穗，一共找到六株女儿稻。虽然对于杂交稻的研究它们还远远不够，但是两年的实践积累，让袁隆平大有所获。

他通过人工授粉的方式，为这几株女儿稻牵线搭桥，寻找品性优良的雄蕊，进行人工杂交。水稻结实期，他惊喜地发现，这些天然雄性不育株的人工杂交结实率达到了80%—90%.

袁隆平如获至宝。他将这些种子收集起来，准备进行新一轮的繁殖。

就在这时，妻子告诉他，他要当爸爸了。袁隆平喜上眉梢。研究杂交稻开始有了眉目，而自己也即将为人父，这可是双喜临门啊。

心潮澎湃了一番后，袁隆平告诉妻子，为了加快实验步伐，他准备去买60个钵子。一向支持他的妻子这次却面露难色。

袁隆平有点不高兴，这又花不了多少钱。

结婚后，母亲和侄儿也和我们一起生活。所有的生活来源就是小两口微薄的工资。腹中的胎儿出生后，负担就更重了。购买实验材料的费用，对于这个家来说，不是一笔小数目。

邓哲平静地解释着，委屈的泪水开始在眼眶里打转。

> 再一个更重要的是，你的研究方向对不对，有没有前途，是不是死路。
>
> ——袁隆平心语

袁隆平突然感到从未有过的愧疚。是的，自己整日泡在试验田里，这个家几乎都是她一个人在照顾。袁隆平一向对钱毫无概念，妻子尽量精打细算，默默打理一切，从没有为钱的事情和他诉过苦。

不善言辞的他握紧妻子的手。“不用再说了。对不起，我知道了。”

他很快找到了办法。学校附近有一个窑厂，他曾经看到里面扔有因破损而被弃置的钵子。他向学校的总务主任道明原委。主任与窑厂的主人如此这般说明了一番，听说学校老师用它们来做水稻实验，厂主一口答应了。

袁隆平拖着一个大板车，带着一群弟子，浩浩荡荡地朝窑厂开去。一上午的工夫，60个钵子便整齐地码在了试验地旁。

就在这时，他的踪影渐渐引起了一个男孩的注意。他叫尹华奇，是袁隆平的学生。一直以来，袁隆平就是他内心深深敬仰的偶像。他新鲜的授课方式，随手拈来的故事和标本，笔记本上那些生涩又神秘的生物术语，都令他着迷。全国上下“文化大革命”如火如荼，学校的正常上课也受到了影响。没有课的时候，尹华奇就像跟屁虫一样，总是跟在袁老师身后。

袁老师所做的一切，都令他觉得好奇。老师在田间奔波，他就帮着拔草驱虫，照顾稻苗。老师在实验室忙碌，他就跑前跑后地打杂。渐渐地，袁老师喜欢上了这个勤快好学的男孩。

一天，趁着袁老师心情好，尹华奇鼓起勇气恳求道，袁老师，我想做您的助手，跟您学习做试验。袁隆平笑了。“做实验很辛苦，研究水稻还得长期泡在水田里，又不能多拿钱，吃苦又吃亏呀。”尹华奇摇摇头说，“我从小在农村长大，什么苦没吃过？这根本就算不了什么。”

> 日复一日，没有收获，但我总是乐观地期待着明天。
>
> ——袁隆平心语

看着这个执着又满怀激情的少年，袁隆平想起了当年求学时的自己。那份无所求的简单和快乐，多么美好。就这样，袁隆平收下了这个无名无分的小助手。

没过多久，又一个男孩找上门来。这个叫李必湖的男孩是其他班的学生，对他仰慕已久。听说他收了一个学生做助手，李必湖急匆匆地赶了过来。

“尹华奇能给您做助手，那您也得算我一个。”他斩钉截铁地说。

就这样，单枪匹马的袁隆平多了两个帮手。他们后来一直追随在袁老师身边，在老师的耳濡目染之下，迅速成长为杂交水稻研究队伍中的生力军。纵使困难重重，他们始终都和袁隆平坚定地站在一起。

有大道之人，亦有大气场。大抵是物以类聚，我们总是能在茫茫人海中找到同类，如同磁石般相吸。他们为袁老师的人格魅力所吸引，单纯只想拜师学艺，却在坎坷的路途上，凭借着后生无畏的激情，不止一次力挽狂澜拯救杂交水稻事业于危难之中。

袁隆平名言

“搞科学研究的大方向要对，这是关键的前提。如果方向不对，再努力也是白搭。只要方向是对的，尽管有挫折和失败，通过努力，最后还是会成功的。”

“搞科学实验还是要有一点幻想才行的。”

“梦是人类特有的精神现象，有伟大梦想才有伟大追求。人类许多奇迹往往是从梦想开始的。神奇的梦想其实就诞生于平凡之中，也能够在平凡之中成真。这种梦想是不脱离实际的美梦，是指导我事业追求的强大动力，使我付出毕生热血和精力为之奋斗不息。”

“我从报纸上看到甘肃文县的一个青年突击队，马铃薯亩产17000多斤的高额丰产纪录；贵州金沙县创造单季亩产稻谷3000多斤的纪录。我看到这样的消息非常震惊，这是严重脱离实际的狂妄吹嘘。当时最好的品种加上栽培技术，亩产也难过1000斤。人有多大胆，地有多大产，可以骗那些没见过世面的农民，但骗不了我们农业科技工作者。当时觉得，农业科技工作者的压力非常大，要尊重客观事实，用真实的数据回击浮夸风。我开始对‘无性杂交’提出质疑。开始放弃米丘林、李森科等人的学说，转向孟德尔、摩尔根遗传理论学说。”

“搞科学研究，首先一个不要怕失败。你要怕失败，你就不要搞研究；第二呢，你不要怕辛苦。书本上是种不出小麦，种不出水稻来的；再一个更重要的是，你的研究方向对不对，有没有前途，是不是死路。科学史上曾有一个著名的‘永动机派’，他们想发明一种机器，可以不增加新动力就永远不停地转下去，这就是死路。如果方向不对，你再用力都是白搭。”

“科学是老老实实的学问，来不得半点虚假，不能被别人的赞扬所迷惑，更不能欺骗自己。”

“如果老是迷信这个迷信那个，害怕这个害怕那个，那永远只能跟在别人后面。”

“只有不断找寻机会的人才会及时把握机会。”

“为了找到我意想中的天然雄性不育株，每天我都鼓起勇气去，可都是乘兴而去，败兴而归。日复一日，没有收获，但我总是乐观地期待着明天。”

“杂交水稻研究是一项远大的事业，需要代代有传人。”

“我在生活上自由散漫一点，但我搞研究却是一丝不苟的。科研这个东西要实事求是，不夸大，也不缩小，正确的就是正确的，错误的就是错误的。所以我认为工作作风、工作态度要认真、严谨。”

“作为一名科技工作者，科学研究中要敢于质疑，提出问题比解决问题更重要，质疑是科学研究的出发点、技术创新的原动力和获得成功的先决条件。尊重权威，但不迷信权威；多看书，但不迷信书。也不要害怕冷嘲热讽，不要害怕标新立异，要敢想敢做敢坚持。”

“杂种优势既然是生物界的普遍规律，我认为水稻不会例外，这一点我十分坚信。”

“水稻既然有优势，肯定会大幅度提高水稻的产量，这个信心一直支持着我。认定了这个方向，上了船你就要划到彼岸去，不走回头路，因为我认为方向是对的。”

“要搞研究，就不要怕失败，怕失败就不要搞科研。失败之后要善于总结和吸取经验教训，为什么会失败？这是更重要的，想想如何调整技术路线，找新的路子。其次，搞科研要学会在此路不通时，就要考虑换一条路走。”

“任何一项科研成果都来自深入细致的实干、苦干。我们搞育种是一门应用科学，它是要实践的，要到田里面去，肯定要流汗的。”

“在掌握基本知识的基础上，要有一些专才，有一些爱好。有专才，就有了方向；有爱好，不但让你的世界更丰富，还可以在知识、文化、精神层面上相互“杂交”，互相启发。“杂交，现象不仅在自然界存在，在人类社会、思维领域也都广泛存在。”

七　谈人生困境

不经过磨难便成就不了伟大的事业

经过两年艰辛的实验，袁隆平将长期观察得来的详尽数据写成了论文《水稻的雄性不育性》。

这是世界上第一篇论述水稻雄性不育性的论文，它标志着中国的杂交水稻研究迈出了历史性的第一步。

正当袁隆平一步步走近神秘莫测的水稻世界时，灾难降临了。

“文化大革命”期间，一贯特立独行的袁隆平进入批斗组的视野。

实验地里的秧苗一夜之间被毁于一旦。多年的心血付诸东流……

然而，纵使在一片混乱中，依旧有人像老鹰一样张开翅膀，保护着袁隆平和杂交水稻。是的，生命中每遇荆棘，总有黑暗中的光令人不至于绝望。

山谷越深，山峰越高。袁隆平更加废寝忘食地埋头试验田，将这块小小的边缘之地当成乱世中的桃花源。

令人始料不及的是，意外又一次发生了……

一篇生死攸关的论文

袁隆平将女儿稻结出的种子播种在这块“钵子地”里。秋天很快就到了，这些杂交果实的后代，果然有一些表现优异。其中的一些植株，不管是个头还是穗数，都超过了它们的母亲。

事实证明，如果这些植株的性状优势能保持下去，就说明水稻完全具有杂交优势。袁隆平百感交集。多少年来，许多主流科学家抱着课本，口口相传，号称水稻没有杂交优势。而真理往往来自实践，一味迷信书本无异于纸上谈兵。

我的论文能够发表在一份权威性的学术刊物上，意味着对我研究成果的初步承认和肯定，这就更加坚定了我继续前进的信心。

——袁隆平心语

在一个寂静的黄昏，袁隆平坐在卧室简陋的书桌前，将这两年来的实验收获写成了一篇论文《水稻的雄性不育性》。在论文里，他用长期观察得来而详尽的数据，总结到，水稻雄性不育株的发生概率为三千分之一，观其性状大致分为三种：无花粉型、花粉败育型、花粉退化型……。

写完后，他用稿纸誊写好，投寄了出去。不过很快，他就忘了这回事。

直到1966年春天，他突然收到了一笔来自中科院的汇款单。正当丈二和尚摸不着头脑之际，他又收到了一封来自北京的邮件，里面是中国当时最权威的学术期刊——《科学通报》的17卷第4期。翻开目录，看到自己的名字赫然在列，这才想起半年前写的那篇论文。

此时，袁隆平的月工资是73元，这笔50元的稿费对于这个有点窘迫的家来说，无异于一笔巨款。全家都为之欢欣鼓舞。

“我的论文能够发表在一份权威性的学术刊物上，意味着对我研究成果的初步承认和肯定，这就更加坚定了我继续前进的信心。”

这是世界上第一篇论述水稻雄性不育性的论文，它标志着中国杂交水稻的研究迈出了历史性的第一步。然而，单纯的他并不想以此为自己谋取什么。杂交水稻是一条漫漫长路，自己才刚出发，他清醒地告诫自己。于是，这本足以在安江农校里引起轰动的期刊，就被袁隆平随意搁置在了书架上。

这件事没过多久，由于受到“文化大革命”的影响，《科学通报》就停刊了。让袁隆平自己也始料不及的是，多年以后，这本不起眼的杂志在生死攸关的时候拯救了他的生命和事业。某种程度上，它也拯救了中国的杂交水稻事业。

人生，总是充满着戏剧性。

痛苦中“最大的安慰”

“文革”期间，总是特立独行的袁隆平进入了工作组的视线。这天清晨，袁隆平和妻子路过学校的宣传栏，赫然发现已经贴满了自己名字的大字报。

虽然在此之前校园里已有风言风语，袁隆平心中也早有思想准备。但是当灾难真正降临时，他仍心存感伤。

> 只有在痛苦的抗争中，才能体会到人生的快乐。
>
> ——袁隆平心语

他感伤的并不是这些无辜的罪名。为了所谓的出身被牵累，已不是初次。当初因此失去生命中的第一个爱人，经此彻骨之痛后，他早已对这些莫须有的罪名十分坦然。

只是儿子尚在襁褓，妻子体弱，生活和工作事务繁重，叫他如何放心得下。还有试验田里的那些正在拔节的秧苗，一天都少不了人照顾啊。

他默默地揽着妻子的肩，一路无言，回到家中。他看着妻子的眼睛，强忍着内心的痛苦对妻子说：“你要有思想准备，明天我可能就要上台挨批斗了。”

妻子躲开了他的眼神。她怕自己会忍不住盈满眼眶的泪水。

“没关系。大不了我和你一起去当农民。”她一边装作聚精会神地准备早餐，一边轻松地笑了笑。仿佛他刚刚只不过说了一句要出一趟差般稀松平常的话。

“杂交水稻的事，我们去农村也一样可以做下去。”定了定神，她抬起头，斩钉截铁地补充道。

> 没有经过磨难的人便成就不了伟大的事业，更感受不到磨难带来的快乐。
>
> ——袁隆平心语

袁隆平心头一热，再也没说什么。半个世纪后，回忆起这个清晨，他清楚地记得当初每一个细节。阳光透过窗棂，照在妻子有点凌乱的发上。在他生命里奔赴理想的艰难旅途中，正是这个看似娇弱的女子一次坚定的决断，给了他难以言述的鼓舞和力量。

当时，很多夫妻因此离婚。而邓哲，始终对他不离不弃。

“这是我一生中最大的安慰。”不善言辞的袁隆平曾用质朴的言语感慨道。

被毁坏的宝贵秧苗

第二天一早，袁隆平照常来到试验地里。不知道还能照顾它们多久，一路上，他心事重重。来到田间，眼前看到的一切令他目瞪口呆。只见地里一片狼藉，60多个钵子全部被砸烂，秧苗横七竖八地倒在地里，很多还被踩进了泥里。

> 今后遇到什么苦难，你们都要坚持到底，绝不能半途而废。
>
> ——袁隆平心语

他连鞋都没脱，跌跌撞撞地踩进秧田里，试图翻找出几棵还活着的残苗。很快，他就放弃了这徒劳的寻找。秧苗不是被连根拔掉，就是被撕成几截。两年的心血就这样付诸东流。在茫茫稻海中寻找女儿稻的艰辛、日日牵挂的精心守护、四处寻找实验材料的谦卑和费尽心机……在某些人眼里不过轻如鸿毛。

深一脚浅一脚地回到家里，推开门，尹华奇和李必湖迎了上来。袁隆平摇摇头，“你们最近不要来找我了，现在我成了他们的眼中钉。跟着我，你们也会受牵连。”

“袁老师，我们刚从试验田回来……”

“别再说了。”袁隆平苦笑着摆摆手。无力回天的事，何必一提再提。

尹华奇走到门边，四处张望了一会儿，确定外面无人，方才将门掩上。他压低声音告诉袁老师，昨夜听学校有人传言要“砸烂袁隆平的瓶瓶钵钵”，他们乘着天黑的掩护，从稻田里选了几盆秧苗，偷偷地藏在学校后面苹果园的臭水沟里。

我们只敢拿几颗，动多了反而可能暴露目标。

袁隆平又惊又喜，赶紧叫他们带路去看看。

劫后余生的秧苗静悄悄地待在臭水沟里。这儿污浊恶臭，极少有人会来。袁隆平用力拍了拍两个学生的肩，从绝境中又看到了几分希望。

正是行至水穷处，坐看云起时。生命便是如此，当你坦然面对一切困境时，它便给予你峰回路转、柳暗花明的惊喜。

> 这些天灾人祸，有时到了“苗毁人亡”的地步，但都没有动摇我誓把杂交稻搞成功的决心。
>
> ——袁隆平心语

大字报贴了几天，自毁苗事件之后，一直却没有别的什么动静。

直到差不多一周之后的一个早晨，袁隆平正要出门，“工作组”的负责人来了。他意味深长地看着袁隆平说：“王组长请你去一下。”这老套的情节，袁隆平心中早有预料。他坦然地笑了笑，朝王组长的办公室走去。

刚进办公室，王组长又是招呼他坐，又是端茶倒水。袁隆平摇了摇头，说正事吧，我都准备好了。

王组长笑了，说：“中央精神是要抓革命促生产。我们农校呢，既要抓好革命，又要搞好生产。你选一块地做晚稻试验田，我们想请你做技术参谋。”

袁隆平很愕然。这些人葫芦里到底卖的什么药？

顷刻，回过神来，他转身就冲到家里，把这个消息告诉正忧心忡忡、暗自神伤的妻子。又躲过一劫。天性单纯的夫妻俩并没有往深处想。只要能回家，能留住试验田，继续做杂交水稻，那就是叫人欢喜的事。

“这些天灾人祸，有时到了‘苗毁人亡’的地步，但都没有动摇我誓把杂交稻搞成功的决心。”

第二天，他哼着小曲儿，满心欢喜地朝臭水沟走去。他迫不及待想将那几棵宝贝秧苗转移到田里。

是谁挽救了杂交水稻

究竟是谁在生死攸关的时候拯救了袁隆平和杂交水稻？多年以后，袁隆平偶遇当年的王组长。王组长感慨地说，在那个年代很多人都身不由己，不得已做违心之事。

在袁隆平的工作档案中，他们发现了一封国家科委九局写来的信，指示“湖南省科委与安江农校要支持袁隆平的工作和试验”。

原来，当年袁隆平的论文在《科学通报》发表后，引起了中央科技局赵石英局长的高度重视。一个偏僻农校的老师，能潜心杂交水稻的研究并有所成绩，令人动容。在请示相关上级部门后，他发了一封公函至安江农校。

> 人生在世，岂能尽遂人意。
>
> ——袁隆平心语

“工作组”的人将此公文送呈当时的地委书记孙旭涛，请示其是否算“保护对象”。孙书记阅毕信函，当即拍板，下令要大力支持袁隆平的试验。

于是，就有了上文中峰回路转的一幕。

在那段时间，素未谋面的知音赵石英局长，正直的地委书记，善良坚贞的妻子……他们像老鹰一样张开翅膀，保护着袁隆平和他的杂交水稻。生命中，每遇荆棘，总是有黑暗中的光，令人在灾难中不至于绝望。

永不放弃

世事变化无常。见惯了诸多无端纷争，袁隆平反而愈发豁达。

虽然他年轻，亦满怀激情，然而他始终保持着难得的清醒。

“放弃比坚持要容易一百倍，但是我从来没想过要放弃。”

袁隆平更加没日没夜地待在试验田里，将这亩小小的土地当成世外桃源。凭借着一纸“保护信”的保护，袁隆平有了大把的时间和精力用在杂交水稻上。

1967年初春，省科委派专员到安江农校考察杂交水稻研究项目。袁隆平抓住机会，拟写了《安江农校水稻雄性不育系选育计划》。这一年，李必湖他们正好要毕业了。袁隆平在项目计划里写道，申请正式将他们俩聘请为自己的助手。

这年夏天，中国第一个水稻雄性不育科研小组成立了。省里还为此拨了400元经费。袁隆平看重的并不是这来之不易的名分，而是终于可以理直气壮地泡在试验地里，再也不用担心所谓“不务正业”“走资本主义白专路线”的流言。流言本身并不可怕，可怕的是它们可能给研究带来致命性的毁坏。

> 放弃比坚持要容易一百倍，但是我从来没想过要放弃。
>
> ——袁隆平心语

为此，他心情特别好。看着经过数次繁育已经有好几百株的秧苗，正噌噌噌地拔节长个子，他更是欢欣鼓舞。

1968年初春，湖南还是乍暖还寒之际，广东却艳阳高照。为了加快实验步伐，袁隆平去广东开始第一次南繁。这时，他的第二个孩子出生刚刚三天。他亲了亲孩子稚嫩的脸庞，依依不舍地走了。临走前，他一如既往乐观地安慰妻子。

“没有经过磨难的人便成就不了伟大的事业，更感受不到磨难带来的快乐。”

这时候，广东正处于混乱之中。所幸的是，袁隆平来到省农科委探听情况时，与科委的蓝女士一见如故。她被这个黝黑清瘦的汉子所感动。在她的保护下，袁隆平的育苗计划得以顺利进行。南繁的第一批种子收获后，他兴冲冲地回到了家乡。

稻田边的脚印

> 说实在的，对那些翻来覆去的政治我真的不感兴趣。
>
> ——袁隆平心语

一向抗拒参与纷争的袁隆平，几乎活在真空的世界里。他并不知道，校园内外早已流言满天飞。袁隆平是科技骗子。研究杂交水稻没有前途。袁隆平的目的是骗取国家的科研经费……

而当事人袁隆平充耳不闻。他的逻辑是，现在有了名正言顺的立项，料想他们不敢明目张胆地搞破坏。然而，袁隆平还是过于天真了。

他满心期待地将这些种子播种下来。5月18日，悲剧又一次重演。刚发出嫩绿细芽的秧苗一夜之间被人拔光。稻田里只留下泥泞而杂乱的脚印。

看着这一切，袁隆平犹如五雷轰顶。他用颤抖的手摸了摸曾经苗儿茂盛的土地，几乎不敢相信自己的眼睛。他慢慢站起来，泪水就在这一瞬间盈满眼眶。这个再苦再难也不曾掉过泪的大男人，第一次像个孩子似的哭了。

不知道过了多久，袁隆平才冷静下来。他突然想起，秧苗既然是被拔掉的，就应该能在附近找到残苗。他调头就走，翻遍学校每一个旮旮旯旯。这一找就是三天。

就在袁隆平疯狂寻找秧苗的时候，有人放出谣言，说这杂交水稻是玩小孩过家家，袁隆平拿了国家的科研经费，又做不出成果来，骑虎难下，干脆自己把秧苗破坏掉……

当流言传到袁隆平耳边，他只是苦笑一声，什么都没有说。这些用心险恶之人的蹩脚伎俩，让它去吧。身形正而影自不歪。第三天，他终于在一个水井口看到水面上漂浮着几株秧苗。他如获至宝地跳下去，一把将它们捞了上来。如此看来，井底应当还有大量秧苗。他急忽忽地跑回学校，寻求援助。学校调派来一台抽水机，忙活了半天才将水井抽干。果然不出他所料，井底铺满了秧苗。

> 杂种优势是生物界的普遍现象，小到细菌，大到人类，都有杂种优势，有没有优势决定到两个亲本遗传的差异度。
>
> ——袁隆平心语

只是，还是太晚了，井底的秧苗已经全部被沤烂了。几天没日没夜地寻找，幸存的只有当初在水面打捞出的五棵秧苗。天若有情，便无绝人之路。袁隆平望着绝境逢生的5棵秧苗，长叹了一口气。这些倔强而卑贱的小生命啊，就像自己一样顽强。

我得赶紧将它们移到田里去。袁隆平蹲下去，小心翼翼地捡起幸存的秧苗，喃喃自语道。只要有百折不挠的信念，就没有什么能阻碍新生命的成长。他抱着秧苗，又一次坚定地走向了试验田。

望着他的身影，帮助打捞秧苗的人都有一丝动容。明里暗中，学校都有人尽力保护这个执着而单纯的袁老师。然而在当时的混乱局势中，人人自危，自顾不暇，谁还有闲情逸致顾及这些娇弱的秧苗。所以，虽然学校也立案侦查了毁苗事件，但随着又一代实验秧苗的诞生，这件事就这样不了了之。

袁隆平名言

“研究还刚刚起步，就遇到了暴风雨，有人为的毁苗事件，还有南繁育种时的地震灾害。这些天灾人祸，有时到了‘苗毁人亡’的地步，但都没有动摇我誓把杂交稻搞成功的决心。”

“我的论文能够发表在一份权威性的学术刊物上，意味着对我研究成果的初步承认和肯定，这就更加坚定了我继续前进的信心。后来这篇论文对杂交水稻研究工作的进程，竟然在关键时刻起到了一发千钧、扭转乾坤的作用，的确令人感慨万分！”

“这篇论文终于搭上了最后一班车，说明编辑们是有眼光的。否则，杂交水稻的成功还不知道会推迟多少年哩！”

“只有在痛苦的抗争中，才能体会到人生的快乐。”

“放弃比坚持要容易一百倍，但是我从来没想过要放弃。”

“她（邓哲）说，再怎么样，顶多是下放到农村当农民。中国的农民千千万，要去我俩一起去。只要不离开土地，就算雄性不育秧苗没有了，我们还可以重新找，重新培育。只要不离开土地，就一定能把杂交水稻搞成功。”

“今后遇到什么苦难，你们都要坚持到底，绝不能半途而废。”

——困境中鼓励助手

“曾经有人难以理解，中国的杂交水稻竟能在非常时期取得重要突破。我想这其中原因有很多，有同事的精诚团结，各地百姓的密切配合，但我更想说，是党的阳光雨露，养育了杂交水稻这朵奇葩。”

“我就像一棵小草，用自己瘦弱的身躯抗拒着狂风。”

“人生在世，岂能尽遂人意。”

“山谷越深，山峰越高。”

“没有经过磨难的人便成就不了伟大的事业，更感受不到磨难带来的快乐。”

“说实在的，对那些翻来覆去的政治我真的不感兴趣。我对政治的关心就是希望国家好，在学校里我把我的工作做好；想搞农业科研，那就是把杂交水稻搞成。”

“当时上至国家科委，下至黔阳地区和安江农校的领导，都给予了很大的支持，立项、拨款、配班子，使我们的工作能够‘名正言顺’地开展。回过头来想一想，与当时全国大多数科技人员相比，我已经算是比较幸运的了。”

“哲学里有一对范畴是必然性与偶然性，必然性是事物的发展规律，然而必然性往往寓于偶然性之中，通过偶然性表现出来，偶然的东西带给我们的可能就是灵感和机遇，所以我们说偶然是科学的朋友。科学家的任务，就是透过偶然性的表面现象，找出隐藏在其背后的必然性。”

“我把精力主要放在杂交水稻上面，杂交水稻就像是自己的孩子一样。从把它播种到田里面，一直到收获，我每天只要有时间都要到试验田里去看一看：它长得好不好，要不要肥料，要不要水，有什么虫，有什么病。如果虫来了，那赶紧要治，如果治不好，被虫吃掉了，那我会伤心的。每天看着它成长，心中无比欣喜。”

“杂种优势是生物界的普遍现象，小到细菌，大到人类，都有杂种优势，有没有优势决定到两个亲本遗传的差异度。天然杂交稻优势很明显，我们对此坚定不移。当然也会遇到一些挫折，但失败是成功之母，要搞研究，就不要怕失败，怕失败就不要搞研究。”

只要有追求、有理想、有希望在吸引着你，你就不会觉得苦

为了将实验继续进行下去，袁隆平决定转移阵地，到气候更温暖的地方繁育秧苗。

他带着简单的行李，毅然出发了。袁隆平就像一只不知疲倦的荆棘鸟，足迹遍及全国各地。

在袁隆平被繁育稻种而奔忙时，他收到一纸荒唐的“接受工农兵再教育”的调令。在云南元江育种，曾遭遇突袭而来的地震。在海南，曾不止一次遭遇肆虐的洪水……

杂交水稻在中国的研究史无前人，没有任何经验可以借鉴，所有的问题只有靠大量的实验来验证。而经过多次精心转育的种子，却因水土不服几乎全部不抽穗。

杂交水稻之路如此艰辛，袁隆平依然坦然置之。

在最艰难的关头，一定不能放弃。袁隆平鼓励身边的助手，也同样鼓励着自己。

像候鸟一样迁徙

一次又一次的毁苗事件，令一向“不问世事”的袁隆平也警惕起来。袁隆平独自来到沅江边，点了一根烟，坐了许久。

水声淙淙。氤氲的水汽温柔地慰藉着这颗依旧年轻却饱经沧桑的心灵。莫须有的罪名并不可怕，最令人不寒而栗的是藏在暗处对实验秧苗虎视眈眈的那些眼睛。

> 科研的艰辛，科学精神的内涵，只有身在其中的人感触最深。我理解这种艰辛。
>
> ——袁隆平心语

袁隆平不禁想起在广东南繁的那些日子。虽然条件艰苦，但至少有安静亦安心的试验环境。

他捻灭香烟盒里最后一根烟，决定转移阵地，到气候更温暖湿润的地方去繁殖实验苗，避开正在风口浪尖的锋芒。

回到家里，天已黑透，桔灯如豆。他把这个想法告诉了妻子。妻子怔了怔，半晌没有说话。他们结婚后，邓哲还在农科站上班，袁隆平成天泡在试验田里，两人虽然相隔不远，但也是离多聚少。如果去南繁的话，相聚的日子就更少了。

“暂时也只能如此，我们等不起时间啊。”袁隆平轻轻地叹了一口气。“别说了。”邓哲咬了咬嘴唇，勉强挤出一丝笑容，轻声应允道：“我支持你。”

说完，她转身就帮袁隆平收拾出行的衣物。这个性情大气的女人，不管自己多苦多累，在袁隆平每一次抉择中，都选择义无反顾地支持他。选择一个男人，就是选择了一种人生。冰雪聪明的邓哲在这些年的磨砺中早已深谙这个简单而深刻的道理。更何况，他做的是一番关乎国计民生的大事业。每每累到极致，她总会用这个念头鼓舞自己。

就这样，袁隆平揣着对妻儿的百般牵挂，提着简单的行李和一桶谷种出发了。湖南、云南、海南、广东、广西……他就像一只不知疲倦的荆棘鸟，为了心中的梦想辗转求索，甚至不惜跋涉万里。而这一走，就是十年。整整十年里，他只在湖南过了三个春节。

“由于要缩短周期，尽快地出结果，所以工作是非常辛苦的，而且那时在六七十年代，条件非常差。但是有一条，我觉得乐在其中。为什么乐在其中呢？我觉得很有意义，很有希望，因此，心里面还是很乐观的。”

春节正是寒假期间，学校最闲之时。研究杂交水稻，需要进行大量烦琐的繁育实验。追赶时间就意味着加快速度。袁隆平怎舍得丢弃每年寒假这段黄金育种时段。于是每到这个万家团圆的时刻，他只有在稻田里忙碌的间隙，偶尔直起腰，眺望着家乡的方向。

一纸荒唐的调令

就在袁隆平跑遍全国，为繁育稻种而奔忙时，一张荒唐的调令再一次将他硬生生地从实验稻田里拽了出来。袁隆平“接受再教育”的地点是离学校几百里以外的一个煤矿。

袁隆平将手头的试验匆匆交给“出身清白”的两个弟子，满怀无奈和愤懑再次上路。正所谓祸不单行，袁隆平刚走，后脚就来了几位所谓的省城水稻专家。他们对杂交水稻试验的初期研究草草调查后，就贸然宣称这一实验毫无价值。顿时，杂交水稻无用论又一次风生水起。流言越传越离谱，最后，连每年四百元的经费都停发了。

只要有追求、有理想、有希望在吸引着你，你就不会觉得苦。

——袁隆平心语

这个举动彻底激怒了李必湖和尹华奇。两个血气方刚的年轻小伙子，一直遵循袁老师的教导，用心做事，低调做人。原本，他们只想倾其全力将实验做下去，等袁老师回来再商后续。现在倒好，老师被支走，经费也停了，这不是要致杂交水稻研究于死地吗？袁老师这么多年的心血和汗水岂不是竹篮打水一场空？

两个满腔愤怒的小伙子凑在一块，商量了一番，有了主意。他们给国家科委发了一封快件，还给湖南省科委写了一封信，将遇到的困境如实陈述一番后，语气诚恳地向他们求援。

省科委一位叫杨武训的年轻人，正好是袁隆平当年的学生。听说自己一向敬仰不已的恩师遭此“虐待”，他义愤填膺，拍案而起。就这样，在省科委的努力下，中科院派了一位老专家火速赶到安江农校，实地调查。

接待老专家的，是年轻的李必湖和尹华奇。在困窘的年代，他们几乎找不出任何可以款待客人的东西。老专家被安排住在他们自己那个八人间的宿舍里。两个年轻人披星戴月，连夜去夜虫轰鸣的田间抓青蛙。于是，就着一盘油炸青蛙、一个蒂根还沾着夜露的西瓜，他们一边说一边哭，将这多日来的心酸和苦楚倒豆子似的倾诉出来。

老专家回到中科院，将事实的真相澄清之后，引起了很大的反响。李必湖和尹华奇见“告状”奏了效，顿时有了底气。在中科院组织的研讨会上，他俩义正词严地提出申请，希望将袁老师调回来。因祸得福，其含义便大抵如此。两个小伙子这番折腾下来，不仅袁隆平被调了回来，在中科院的明示下，他们还获得了每年三千块的活动经费。

> 我们没有上班下班制，因为我的工作主要是在试验田。
>
> ——袁隆平心语

得知这个消息，袁隆平感慨万千。这次调令风波给了他不少启示。他一向随性。能留则留，不得已要走便只有坦然认命，打点行装。这份表面上的顺应一定程度上保护了天性桀骜的他。但是尽管如此，当有机会奋力挣扎之时，断不可轻易放弃努力。“果然是后生可畏啊。”袁隆平感慨道。想到这里，他又欣慰起来。

遭遇地震

时光飞逝，转眼就到了1969年。在六年时间里，袁隆平和助手用已发现的雄性不育株与一千个品种进行了测交。然而，在这些成千上万的对照实验组中，竟然没有一种杂交品种的后代能实现百分之百的不育。

袁隆平开始有些困惑。到底怎样才能让女儿稻的后代保持绝对不育呢？茫茫稻海中，下一步应该找谁与女儿稻结为秦晋之好？下一次的试验是否又是一番徒劳无功的折腾……

这时，袁隆平想起了一个有点俗的段子。说是爱迪生试验了五千种材料，最后才找到最适合做灯泡的钨丝。有人嘲笑他：“你之前的4999种试验不都是白费工夫吗？”爱迪生大笑说道：“不，那4999次试验证明了4999种材料不适宜用来做灯泡。”

如此说来，之前6000多次水稻测交，证明了这6000组搭配不能让女儿稻的孩子保持雄性不育。这岂不是著名的阿Q式自嘲吗？袁隆平掐指一算，竟被自己的想法逗得笑起来。

“即便面对着成百上千次的失败，我依然保持乐观，而且坚信当初设想的三系配套方案一定能够实现，但我们应该总结经验教训。”

在漫长的科研道路上，我经历过山重水复疑无路、柳暗花明又一村的忧愁与欢乐，饱尝了失败、成功、再失败、再成功的苦辣酸甜。

——袁隆平心语

1970年，寒假期间，袁隆平携带助手，来到云南元江育种。

他们住在农技站一间简陋的平房里。半夜，睡得正香，袁隆平突然被一阵异样的声响惊醒。一块石灰从天花板上掉下来，哐当一声砸在枕头上。别说是晚上，就是白天屋子里也有老鼠明目张胆地横行，他早已习以为常。袁隆平迷迷糊糊地将石灰块扒拉下地，翻了个身准备再次入睡。突然床板剧烈地摇晃起来。他吓了一跳，从床上一跃而起。

“地震了，快跑！”袁隆平一手一个，将正在隔壁床上酣睡的两个弟子拖了起来。三个人连滚带爬地逃到屋外。刚跑到平地上，他们心有余悸地回过头去，就看见屋子的一面外墙软塌塌地斜了下来。

云南虽然四季温差不大，但是一月初还是有点冷。师徒三个穿着单衣单裤，站在深夜的泥地上冻得瑟瑟发抖，还得时刻警惕着随时可能发生的余震。比寒冷和余震更让他们惦记的是屋里那包即将萌芽的稻种。这可是千里迢迢从湖南带来，正等着下地的种子啊。他们清楚地记得，浸泡过数日的种子被纱布慎重地包好，挂在床头的衣架上。而在逃离危险的瞬间，求生的本能，让三个人在慌乱中都遗忘了它。

他们默默地站在空地上，心里一边悄悄地自责着，一边祈祷着该死的地震快点过去。天终于亮了，大地似乎也沉静下来。趁着天边刚发白的曙光，他们在几乎已沦为废墟的屋子里扒拉出了那包珍贵的稻种。他们长吁了一口气，看着对方脸上白一块黑一块的泥灰，傻呵呵地笑了起来。

为了躲避余震，人们纷纷在平地上搭起简陋的塑料布棚，暂且容身。在这些五颜六色的棚子里，有一个是袁隆平师徒三人的。

“你们为何不回湖南？”当地人好奇问道。“不能回啊，一回这些刚催芽的稻种可就糟蹋啰。”袁隆平一边将破旧的草席铺好，一边头也不回地答道。

被近亲结婚屏蔽的杂交优势

第二天，这些宝贵的种子就下了地。他们像兢兢业业的小母鸡一样，守候着这些不急不慢蹿着个儿的小苗。这一守，就是三个月。当地盛产甘蔗和香蕉。粮票不够用，他们吃一顿米饭，再吃一顿香蕉和甘蔗。这一季稻种收获完毕，三人一看到这两种原本甘甜可口的水果就想吐。春天，木棉花开了。他们就学着当地人做木棉花酱油汤。这种味道独特的汤就如他们这一趟元江之旅，入口的微微酸苦背后，暗藏着绵长悠远的清香。

> 在最艰难的关头，一定不能轻易放弃。
>
> ——袁隆平心语

可惜的是，从云南带回去的这些种子，由于气候差异，它们对湖南水土不服，抽穗季节，地里一片寂静，稻尖茂盛地指向天空，却全部没有抽穗。时间一天一天地过去了，对照组的稻穗渐渐饱满，这些倔强的禾苗还是没有一点要抽穗的意思。

袁隆平带着助手，默默地拔掉了这些已经失去了实验价值的稻苗。他已经记不清，这是第多少次出现意外了。在中国，杂交水稻研究前无古人，他就是唯一的始作俑者。没有任何经验可以借鉴，所有的问题都只有靠大量的试验来验证。在验证中偶尔偏离轨道时，他也只有凭借着多年来的实践积累去判断。

看到空荡荡的试验田，袁隆平愣了。他剥了一小截毛根，放在嘴里有一搭没一搭地嚼着。脑海里像放电影一样回放着多年来的试验历程。他突然发现了一个问题，这么多年来，为不育株选择的测交品种，一直都是亲缘很近的矮秆稻。就像人类如近亲结婚，出现畸形胎儿的比率会大大增加一样，是不是水稻的杂交优势也会被近亲繁殖所屏蔽呢?

为何不尝试给不育株寻觅一个远房亲戚呢？袁隆平拍了拍自己的脑袋。真该早想到这一点。他站起来，拔腿就往家里跑。他要将寻找远缘野生稻的计划记下来，尽快安排行动。

告别孤军奋战的寂寞

这年夏天，湖南省第二届农业科技大会在常德召开。袁隆平自然也在被邀请之列。来到会场，袁隆平就被门口的大展板吸引住了。凑近去一看，他又惊又喜。会场主展板上，用醒目的字体赫然写着杂交水稻研究的缘由和现状。

> 搞研究就不能怕失败，我是为事业，又不是为名利。有时候不要看有些事情失败了，其实是有成功的因素在里面。
>
> ——袁隆平心语

围观的人越来越多，有人认出了袁隆平。“哎哟，这不就是做杂交水稻的袁老师吗？”

袁隆平脸一红，赶忙转身闪进了会场。他可不习惯被人围观。

就是在这次会议上，当时的湖南省革命委员会负责人华国锋，将袁隆平的项目申报为全省协作项目。他希望举全省科研者之力，早日将杂交水稻研制成功。然而，在介绍这个项目时，台下依旧有很多人在窃窃私语。散会后，亦有人言辞激烈地试图论证杂交水稻的荒谬性。

袁隆平什么都没有说。他心想，让事实来证明一切吧。散会后，他就悄悄地走了。仿佛这台上的荣誉与他无关。

尽管如此，这次会议还是在某种程度改变了袁隆平孤军奋战的境况。许多科研人员通过这次会议，第一次了解到杂交水稻这个新鲜又有几分神秘色彩的概念。湖南省农业厅贺加山，原种场的周坤炉和湖南农学院的年轻教师罗孝和，就立马申请加入袁隆平的实验队伍，志愿将自己的青春奉献给这项伟大的事业。

风姿绰约的野稻姑娘

终年温暖潮湿的海南是植物的天堂。这儿也生长着许多默默无闻的野生稻。它们大多分布在远离喧嚣的偏僻沼泽地，一年只开一次花，具有顽强的生命力。

1970年秋天，袁隆平再次踏上南下海南的火车。他准备一边培育对照组稻苗，一边加紧寻找远缘野生雄性不育株。

温暖的南方海岛，播种下的稻种很快就发芽分蘖了。这天，袁隆平正在试验田里拔杂草，突然天降暴雨，狂风夹杂着硕大的雨滴恶狠狠地打在娇弱的秧苗上。一阵水浪涌来，冲垮了低矮的堤坎，水一点点涨了上来，眼看就要淹到小腿肚了。刚分蘖的秧苗很快就被没到了稻尖。袁隆平急坏了。他调头往驻地一路狂奔，一边跑一边大喊李必湖帮忙。

> 只要有追求、有理想、有希望在吸引着你，你就不会觉得苦！科学上有新发现、技术上有新发明，这是科技工作者人生很大一种快乐。
>
> ——袁隆平心语

风雨声中，李必湖没有听清袁老师到底在说什么，只好跟在他后面狂追。只见袁隆平来到住房前，二话不说就开始卸门板。李必湖顿时目瞪口呆。大雨天的这门板拆下来干啥呢。袁隆平一边忙碌一边大吼道，快来帮我一把。他连忙冲上前帮忙。卸下来的门板被一前一后抬到秧田边。看到洪水泛滥的秧田，李必湖恍然大悟。他们手忙脚乱地将秧苗铲到漂浮在水面的门板上，转移到安全的地方，才松了一口气。这时，他们方才发现全身湿透，泥泞已漫到了胸口。

“学农有学农的乐趣，我就是乐在苦中啊！只要有追求、有理想、有希望在吸引着你，你就不会觉得苦！科学上有新发现、技术上有新发明，这是科技工作者人生很大一种快乐。”

令人意外的是，这历尽劫难的秧苗生命力分外顽强。转移出来的苗儿噌噌拔节，长势喜人。袁隆平这才慢慢放了心。他将照顾秧苗和寻找野生稻的注意事项交代给助手之后，便只身前往北京图书馆查阅资料。

之前，袁隆平在海南南红农场育种时，农场的一些技术员对他的试验充满兴趣，跟着他学了不少水稻栽培知识。得知这一次他又来这儿寻找野生远缘稻，对周边地形烂熟于心的他们便自告奋勇当向导。

袁隆平北上没多久，一个阳光明媚的艳阳天，农场技术员冯克珊带着李必湖去寻找野生稻。深秋正是海南最美的季节。俩人几乎是一路哼着小曲儿来到铁道边的一片沼泽地。这儿生长着一大片野生稻。正值扬花季节，禾秆将花穗在阳光下高高举起。

就是在这片野生稻中，他们发现了寻觅已久的女儿稻中的野姑娘——野生稻雄性不育株。李必湖将它小心地移植到附近一块潮湿的泥地里，等待袁老师回海南后来做最后的鉴定。

收到来自海南的电报，袁隆平欣喜若狂。他甚至来不及去买车票，就连夜登上了南下的列车。一路辗转到达海南，他叫上李必湖，直奔野生稻所在的沼泽地。采集的花粉在显微镜下呈现的形态，以及碘实验表明，这确实是一株名副其实的雄性不育水稻。

这位风姿绰约的野稻姑娘没有令袁隆平失望。其与矮秆水稻杂交产生的后代，果然达到了百分之百的不育率。这就意味着，实现杂交水稻计划中的第二步——为不育株找到保持系，令其不育性状稳定保持下去指日可待。

袁隆平名言

“科研的艰辛，科学精神的内涵，只有身在其中的人感触最深。我理解这种艰辛。”

“海南岛是培育杂交水稻的伊甸园……海南南繁基地要承担我们科研工作中非常重要的部分，自1968年我们在那里开辟了水稻研究基地，在四十多年的时间里，我们就像候鸟一样往返于三亚和长沙之间，从未间断过。”

“我从参加工作到现在，只要田里有稻子，我每天都要坚持下田坎。我们搞育种的就是要坚持在第一线，这样才能发现新品种，才会产生新灵感。”

“我不在家，就在试验田；不在试验田，就在去试验田的路上。我们没有上班下班制，因为我的工作主要是在试验田。”

“在漫长的科研道路上，我经历过山重水复疑无路、柳暗花明又一村的忧愁与欢乐，饱尝了失败、成功、再失败、再成功的苦辣酸甜。”

“学术上的自由思想很重要。自由自在给了我很大的帮助。”

“搞研究就不能怕失败，我是为事业，又不是为名利。有时候不要看有些事情失败了，其实是有成功的因素在里面。”

“探索科学的道路是艰难的，但不管怎么难，科研工作者也要走下去。”

“在最艰难的关头，一定不能轻易放弃。”

“一个人的能力有大小，但只要你真诚地爱着自己的事业，真诚地爱着脚下的土地，你就能稳稳当当地站着，顶天而立地。”

“即使只有百分之一的希望，自己也要做百分之百的努力。”

“人本没有什么贵贱之分。”

“我们天当被，地当床，你震你的，我们干我们的。”

——在云南育种时遭遇地震

“机遇往往是可遇不可求的，机遇只偏爱那些有准备的人。”

“他们骂他们的，我们搞我们的实验，最后还是让事实来说话吧！”

“气可鼓而不可泄，仅从这次实验来看，表面上也许是失败了，实际上却蕴含着极大的成功机遇。”

“我想，世界上没有任何东西可以真正打败我们，除非我们自己打败自己。古人云：‘天将降大任于是人也，必先苦其心志，劳其筋骨……’如果没有挫折与失败，就不会有成功的喜悦，更不会有成功的价值！”

“农民是最好的老师。”

——袁隆平的一句口头禅

“我们是在与时间赛跑，一年当两三年用，像候鸟一样追赶着太阳走。”

“李必湖、尹华奇两个也有一股年轻人的冲劲，都对杂交水稻工作有一种特别的感情。”

“尽管研究中遇到七灾八难的，我们的研究小组还是咬着牙挺下来了。”

“即便面对着成百上千次的失败，我依然还是能保持乐观，而且坚信当初设想的三系配套方案一定能够实现，但我们应该总结经验教训。”

“其他领域的有些研究白天干不完，可以晚上来；而我们搞育种的就不行，你加班加点它又不会长，要有耐心，一个品种要几个世代才能成功。”

“学农有学农的乐趣，我就是乐在苦中啊！只要有追求、有理想、有希望在吸引着你，你就不会觉得苦！我们搞水稻，要在水田里呆，还要在太阳下晒，工作是辛苦点。在六七十年代生活很苦，吃不饱，但我觉得乐在苦中，因为有希望、有信念在支撑着。因为我认为粮食是最重要的战略物资，所以我觉得我的工作是非常有意义的，对国家、对老百姓都是大好的事情。一旦有好的苗头，有好的新品种出来，就算工作再辛苦一点，心里面也感到很快活。那种欣慰、快乐，是很难用言语形容的，真是其乐无穷。科学上有新发现、技术上有新发明，这是科技工作者人生很大一种快乐。”

九 谈事业瓶颈

当科研遇到瓶颈时，不要在一棵树上吊死

发现野生雄性不育株，为三系配套找到保持系……杂交水稻研究历程中出现重大转折。但是，要真正实现三系配套，将其用于大田生产，还有很长的路要走。

当实验遇到瓶颈时，袁隆平从不埋头钻牛角尖，而是果断地寻找新的育种材料。

1971年，中科院顶着诸多压力，在海南召开杂交水稻协作活动。此时，袁隆平再次面临重大抉择。

他从未想过独享杂交水稻带来的巨大声誉和经济效益，而是选择将自己的研究成果无偿传授给来自全国各地的水稻科研者。

加入实验大军的人越多，就能在更短时间里实现更多测交，杂交水稻验证成功的概率成倍增加。

袁隆平的无私，不仅极大程度促进了杂交水稻研究的进展，也毫无悬念地奠定了其总设计师的地位。

将十年奋战的成果无私分享

尽管神秘璀璨的杂交水稻世界正朝袁隆平一点一点地打开尘封的大门，但是关于它的流言从来没有中断过。

1971年春天，尽管面临着来自社会上的诸多压力，中科院还是毅然决定在海南召开杂交水稻研究项目协作的倡议活动。前后参加活动的有八个省和自治区的几十位科研人员。

这时，袁隆平再一次面临人生中的一次重大抉择。他可以选择将自己的研究成果无偿分享给大家，亦可纯粹应付尔尔，待研究成功后独享杂交水稻带来的巨大声誉和经济效益。

袁隆平几乎不假思索地选择了前者。

"我们等不起时间啊。能早一点研制成功，就是人类的巨大福祉。"

当研究工作终于云雾散开、脉络日渐清晰时，一贯轻描淡写的袁隆平第一次用了如此郑重其事的语气。

> 当科研遇到瓶颈时，不要在一棵树上吊死。当时我发动专题组的全国各协同单位，去寻找新的育种材料。
>
> ——袁隆平心语

事实证明了他果断抉择的正确性。前来取经的人中，不仅有来自全国各地农科所的科研人员，甚至还有大学教师、水稻界一些颇有见地的学者。他们被袁隆平的人格魅力所打动。不管身份、年龄，看到黝黑清瘦的袁隆平，他们都会发自内心尊称一声"袁老师"。

也就是这一次，袁隆平毫无悬念地奠定了中国杂交水稻研究总设计师的地位。而加入实验大军的人越多，就能在越短的时间里实现更多的测交，杂交水稻验证成功的概率也就成倍增加。

"当科研遇到瓶颈时，不要在一棵树上吊死。当时我发动专题组的全国各协同单位，去寻找新的育种材料。"

袁隆平在简易的小房子里挂上了一块借来的黑板。白天带着他们到田间手把手地传授经验，晚上就在这儿用朴素而生动的语言上课。

4月，野稻姑娘的第一批孩子们收获了。袁隆平将种子分给来自全国各地的实验组，自己只留下了一小撮。种子播种下去，秧苗长大后又陆陆续续有人来讨要，袁隆平心肠软，有求必应，最后竟然只剩下了一株秧苗。

李必湖急了："袁老师，这还有人来要苗，咱可不同意了。"

袁老师哈哈大笑："好好，这个宝贝独苗儿我们自己留着。"

真是说曹操曹操就到。没过两天，福建农科所的一位科研人员垂头丧气地出现在他们面前。原来，他们经验不足，育秧失败，带回去的种子等于浪费了，只好找袁老师要点现成的秧苗回去。

袁隆平这可犯了难。咱们也只剩一棵了，你瞅着咋办。

来人也不说话，高高大大的男子汉一屁股蹲在稻田边，没精打采地支着胳膊，跟一打翻了酱油瓶的孩子似的。

袁隆平略一思索，有了主意。他小心翼翼地踩进田里，挖出一半分蘖，用薄膜将娇嫩的根系裹好，塞到他手里。来人顿时喜不自禁，连不迭地谢过袁老师，高唱着国歌狂奔而去。

看着他欣喜若狂的背影，大家都被逗得捧腹大笑。

> 任何事物要维系自己的存在，就必须使自己保持一种平衡的状态，因为只有在平衡的状态下，才能稳定地发展自己。
>
> ——袁隆平心语

一阵无以言述的心酸却在这一瞬间涌上了袁隆平的心头。苦难深重的人们，被饥饿的恶魔折磨得太久了，这门缝里的微光竟能予人莫大的期望和力量。袁隆平觉得肩上的担子更重了。

那些南征北战的日子

发现野稻姑娘，为三系配套找到保持系，是杂交水稻研究历程中的一个重大转折点。但是，要实现三系配套，直至将其用于大田生产，还有很长的路要走。

因为用野稻培育出的不育株，它的优势只是表现在不育性上，其他性状与普通的水稻几乎并无区别。也就是说，它的稻穗没有增多，产量没有增加，不能直接应用于大田生产。要充分利用水稻的杂种优势，就必须进行大量烦琐的转育工作。杂交繁殖，实际上就是进行基因置换。通过一次又一次的组合实验更新换代，继承优质基因，淘汰不良基因。

“要积极进取，敢于突破，不要总是依靠自己的经验原地转圈圈。”

研究进入了至关重要的攻坚阶段。在那些为了加快实验速度而南征北战的日子里，袁隆平夏天在长沙，秋天奔向南宁，冬天转战海南，一年到头几乎没有什么时间待在家里。

20世纪六七十年代，火车就是中国的交通大动脉。每次去外地，袁隆平几乎都是挤火车。那才叫名副其实的挤车。站台上永远都人满为患。穿过汹涌的人群，在同样拥挤的车厢里寻找一线驻足之地，大冬天也能挤出一身汗来。

袁隆平背着一床棉被，提着一桶谷种。其他人有的拎着瓢盆碗筷，有的背着一大麻袋湖南腊肉腊干剁辣椒。这就是他们接下来几个月的全部家当。一路浩浩荡荡，就像背井离乡外出打工的一群民工。纷纷攘攘的人群中，没有人能猜测到，这群晒得黝黑的汉子中，隐藏着堪称现代中国农学界最了不起的科学家。

> 要积极进取，敢于突破，不要总是依靠自己的经验原地转圈圈。
>
> ——袁隆平心语

有一次，在奔赴火车站的路上，周坤炉最后一个气喘吁吁地赶过来。他身上穿的老棉袄像个倒置的陀螺般奇异地鼓起。袁隆平觉得好生奇怪：“你这家伙，怀孕了？”

周坤炉大笑：“我可没那能耐，这里面是浸湿的稻种。三十六七度是催芽的最佳温度。嘿，出门前我一激灵，这不就是正常的人体温度嘛。所以干脆将它们绑在腰间，这不又省出了两天时间吗？”周坤炉颇有几分得意地解释道。

“嗯。”袁隆平拍了拍他的肩，“只是注意别感冒了。”

他们一路寒暄着往前走。为了追赶最佳的播种季节，将潮湿的种子几个昼夜绑在腰间催芽，这在如今听起来甚至有几分悲壮的举动，当时却并没人以为然。除了对他鼓鼓的大肚子一番善意的哄笑，没有人觉得这样做有什么值得大惊小怪的。在这个单纯的团队里，每个人都倾其所有，一切以杂交水稻研究为中心。在他们看来，这不过是一个加快催芽进程的一个充满创意的途径而已。这份不惊不乍，令人动容。

多年以后，回忆起那段南征北战的艰苦岁月，尹华奇说：“有一次从海南回农校，经过通道县时遇到涨洪水，他们被困在局促的汽车里，24小时滴水未进。直到第二天山洪减退才冒险乘小船过了河。”他轻描淡写地说了一句，类似的事情还有很多。

他们亦是血肉之躯，也偶尔会觉得累到极致，话都不想说。然后，看着杂交水稻研究取得一次次突破，精神上获得巨大愉悦，令这所有的苦和累如同邮寄包裹时填充纸箱的泡沫一般轻薄如柳絮。

在艰难中自我寻乐

纵使一路荆棘，他们依旧擅长于在艰难中自我寻乐。

在海南南繁的时候，他们睡的是大通间。一个房间里横七竖八地睡七十几个人。一到晚上，鼾声磨牙声此起彼伏，比白天还热闹。

> 多一个人参加研究就多了一份力量，就多了一份早日把杂交水稻实验搞成功的把握。
>
> ——袁隆平心语

白天，他们自己做饭。家乡带来的腊菜，是走遍全国都吃不腻的。有时候袁隆平也亲自下厨。他最擅长做的是油炸花生米。他做出的花生米酥脆可口。每每大家夸赞这脆香的花生米，袁隆平就会面带得意地传授经验。这油炸花生米啊，可是个技术活。油多了腻人，少了不香。火小了不脆，火大了烧焦……

罗孝和负责管伙食。这是一个敦实能干的小伙子。挂在屋檐下晾晒的腊肉，是需要计划着限量供应的。每餐割下来一块，他都耐心地过好秤。海南温度高，腊肉被晒得越来越干了。

眼睁睁地看着浓香熏人的油一点点滴下来，地上油汪汪的一片。罗孝和心里那个心疼啊。

太阳最毒辣的那些天，他一有闲工夫就会跑过去称腊肉。称完就是一声仰天长叹，接着惋惜地惊叫：“袁老师，腊肉又少了二两啊。”大家都被他逗乐了。袁隆平时常兴起，学罗孝和的新化普通话，把大家逗得人仰马翻。有人提议：“哎，我说你称与不称它就在那儿，该少的还是会少啊。”他摸了摸后脑勺，“是噢，这日头又不归咱管。”完了没多久，挂肉区又传来一声惊呼：“袁老师，腊肉又少了二两……”

这个罗孝和是大家的开心果。有他的地方就有笑声。袁隆平给他取了个绰号，叫“乐呵呵”。

还有一次，福建组的一位科研人员前来取经。袁隆平一向对钱没什么概念，对别人比对自己更大方。每次有人来，袁隆平就喊他们到食堂吃饭，碰上要给钱给粮票的，说啥他都不肯要。这回午饭时分，正好袁隆平出去了，罗孝和引领客人去食堂吃饭。说心里话，他还是希望客人能留下饭钱的。他并不是小家子气的性情，而是出于大局考虑。条件本来就很艰苦，菜都要计算着下锅，不管伙食的人哪知精打细算的重要性。

这位客人亦很有意思，生怕罗孝和不肯收他的饭费，吃完饭后，将粮票往罗怀里一塞，拔腿就跑。罗孝和笑呵呵地一数，好家伙，少给了五分钱。他一哧溜就追了出去，“同志同志，你少给了五分钱。”来人以为自己多给了五分钱，孝和一定要还给他。见势不妙，跑得更快，一溜烟就没影了。

正在这时，袁隆平回来了。孝和赶紧迎上来告状，说福建组的人来吃饭少给了钱。袁隆平乐不可支地说，“我刚碰到他，他说你们这小罗同志太热情了，多给五分钱追了我半里路。”大家一听，都笑得直不起腰来。孝和也不好意思地笑了。

正是这些自我解嘲的琐碎欢乐，冲淡了那些时光里的艰难窘困。

热闹的蛮荒之地

在开展广泛协作的基础上，很快摆脱了几年来研究工作处于困境的局面。

——袁隆平心语

来自全国各地的科研人员越来越多地聚集在这里，海南南红农场这片寂静之地变得热闹非凡。转眼间一年就过去了。

在这短短的一年时间里，袁隆平慷慨捐献的野稻材料就像一根温暖的红丝带，将全国各地水稻科研人员的心紧紧系在了一起。在他的悉心指导下，来自全国各地的100多名科研人员，使用了千余种品种，与野稻进行了上万次回交转育，极大地加快了杂交水稻研究的步伐。稻浪声中喜讯频传——

袁隆平等培育出了“二九南一号”和“威20”不育系和保持系。

福建的杨聚宝等培育出了“威41”不育系和保持系。

江西的颜龙安等培育了“珍水山97”不育系和保持系……

然而欣喜之余，袁隆平陷入了深深的担忧。现在有了大量的人手和时间从事测交转育，为什么一直都找不到至为关键的恢复系呢。这是实现三系配套生死攸关的一步。

虽然赞誉声纷沓而至，然而一天找不到恢复系，袁隆平无法停止担忧。当初整整三年的时间才找到雄性不育株时，他并无焦虑。那时他孤军奋战，认准方向后只管赶路，并无后顾之忧。而现在举全国之力攻关杂交水稻，他在欣慰之余也第一次感到了巨大的压力。

这时，从那些坐在办公室啃理论砖头书的所谓高层专家中又一次传出谬论，袁隆平原来用的矮秆稻找不到保持系，现在用的材料找不到恢复系，这就叫捡了芝麻丢了西瓜啊。

> 这次实验，表面上看是失败了，但实质上却蕴含着极大的成功。
>
> ——袁隆平心语

顶着全国上下巨大的压力，袁隆平夜以继日地奋战在试验田里。虽然一次又一次的试验效果都不甚理想，但是得出的大量数据却充分证明，测选出具有恢复系基因的稻种指日可待。

“失败是成功之母。有好多事情，失败里面包含着成功的因素，因为有经验教训。搞科学实验，要善于总结经验教训，不要一失败就灰心丧气，到此为止。”

原来极力反对杂交水稻的顽固分子，待不育系和保持系培育出来后暂时闭上嘴巴，保持观望状态。这会儿，听说一直没有找到恢复系，他们又一次像小丑一样跳了出来。甚至有人编了顺口溜：三系三系，三代都搞不成器。

当风言风语被好事者传到袁隆平耳边时，他总是置之一笑，然后在心里坚定地默念道。我只是再需要一点时间。

袁隆平名言

“当科研遇到瓶颈时，不要在一棵树上吊死。当时我发动专题组的全国各协同单位，去寻找新的育种材料。”

“从事科技工作的人，往往受自己专业的局限，视野比较窄。要突破这种局限，除了多掌握一些相关领域的知识外，还应该学点哲学，学会用辩证的观点看问题。”

“任何一个有智慧的人，都应是谦虚的，不应该是狂妄傲慢的。要干成一番事业，需要极清醒的头脑，极坚韧的自制力和极淡泊的心境。”

“任何事物要维系自己的存在，就必须使自己保持一种平衡的状态，因为只有在平衡的状态下，才能稳定地发展自己。而一旦失去这种平衡，便会处于一种动荡不安的环境之中，生存和发展必将受到威胁。”

“要积极进取，敢于突破，不要总是依靠自己的经验原地转圈圈。”

“多一个人参加研究就多了一份力量，就多了一份早日把杂交水稻实验搞成功的把握。”

“这次实验，表面上看是失败了，但实质上却蕴含着极大的成功。”

——谈稻草疯长风波

“难道外国人没有搞成功的，咱中国人就不能搞成功吗？中国尽管还比较贫穷、落后，但也有许多有利条件：中国是一个古老的农业国家，中国有辽阔的土地资源，南北气温差异大，可由此带来充足的温光条件。”

“七年多来，我们在困境中探索，在逆境中追求，终于摸索到了杂交水稻试验中关于测交和回交的基本规律，以及人工制造保持系和恢复系的技术要领。同时，我们利用野生稻实行远缘杂交，确定了寻求突破‘三系’的新思路。正因为有了‘野败’，便有了我们今天的相聚，只要我们团结一致，共同努力，顽强拼搏，杂交水稻的研究和实验，就一定能取得成功。”

——和来自全国各地的科技人员无私交流经验

“水稻的杂交优势，肯定会大幅度提高水稻的产量。我有这个信心，而且这个信心一直支撑着我。再者，我也没理由放弃。”

“我们也很乐意在试验田手把手地传授杂交操作技术。只要能挤出时间，我就支起小黑板给大家讲课，把自己多年积累的知识和经验奉献给大家。”

“在开展广泛协作的基础上，很快摆脱了几年来研究工作处于困境的局面。”

“由于我来自一个中专学校，只是一个中专教师的资历，那时杂交稻还没有成功，因此我为了要说服大家，只能用研究成果说话。”

“我们也只能加倍努力，尽快拿出更多的成果来判定科学上的是非。”

“失败是成功之母。有好多事情，失败里面包含着成功的因素，因为有经验教训。搞科学实验，要善于总结经验教训，不要一失败就灰心丧气，到此为止。”

“发明创造的一个共同特点是，当事人不仅亲眼见到了这些事物，而且从内心领悟并很快抓获了这些事物的本质。这就是科学研究工作的本质。机会成就了有心人。偶然的东西带给我们的可能就是灵感和机遇，所以我们说偶然性是科学的朋友。科学家的任务，就是要透过偶然性的表面现象，找出隐藏在其背后的必然性。”

“要埋头苦干，不畏艰辛，这个是基本功。一个人事业的成功或者失败，最终起决定作用的是顽强坚持的毅力。我的工作主要在试验田，越是打雷、刮大风、下大雨，越要到田里面去看看，看禾苗倒伏不倒伏，看哪些品种能够经得起几级风。从参加工作到现在，只要田里有稻子，我每天都坚持下试验田。我们搞育种的就是要坚持在第一线，这样才会发现新品种，才会产生灵感，‘灵感＝知识＋汗水’。”

十 谈成功秘诀

知识+汗水+灵感+机遇=成功

全国的农业科学家都行动起来了，选用来自全世界的种子进行测交。以袁隆平为中心，全国范围形成强有力的杂交水稻科技网络。

很快，袁隆平和弟子率先找到一批优势比较明显的恢复系。

三系配套理论上宣告成功，预示着我国即将成为世界上第一个利用水稻杂交优势的国家。

在一片欢呼声中，袁隆平将这些寄托着无数人希望的种子下了田。

第一代三系配套成功的杂交稻种，播种在湖南省农科院的试验田里。袁隆平密切关注和记录着它们的变化和成长。

助手罗孝和更是喜上眉梢，逢人就宣称这里种着“三超稻”。收获的季节如期而至，这片试验田的收成却令所有人都大跌眼镜……

三系配套理论上宣告成功

命运之神终于开始眷顾在水稻田里默默战斗了十几年的袁隆平。当研究遇到瓶颈时，为了加快实验步伐，国家科委和湖南省科委决定即刻行动起来，助袁隆平一臂之力。

1972年，第一次全国性的杂交水稻科研协作会议在长沙召开。已任国务院副总理的华国锋，将杂交水稻列入国家重点科研项目，举全国科研者之力协作攻关。

> 我成功的秘诀：知识、汗水、灵感机遇。
>
> ——袁隆平心语

全国的农业科学家都行动起来，选用来自世界各地的种子进行测交，筛选多个具有恢复基因的品种。年轻的新中国，为了一个美好而艰巨的任务，在全国范围内形成强有力的科技网络。自此之后的十年间，几乎每年都会召开全国性的杂交水稻科研协作会议，实现资源共享、信息实时沟通。

在这种史无前例豁达的科研环境中，很快，袁隆平和弟子率先找到一批优势比较明显的恢复系。至此，三系配套理论上宣告成功，预示着我国即将成为世界上第一个利用水稻杂交优势的国家。全世界拭目以待。

疯狂的稻草

听闻消息的人们蜂拥而至，他们挤在袁隆平狭小的宿舍里，激动地搓着巴掌，热切地询问。在饥饿中窘迫求生的人们，用几近瞻仰的眼神望向传说中神奇的杂交稻种。

然而，人群中央的袁隆平并没有被喜悦冲昏头脑。理智和经验让他在面对取得的成就时格外冷静。他委婉拒绝闻讯而来的记者采访。“现在还不到播种的季节，一切等种子成熟收获后再说吧。”他笑眯眯地说。

袁隆平等着将这些寄托着全国人民厚望的种子下田。这份热切夹杂着忐忑的期待令他想起了当年等待儿子五一诞生时的情景。

在一个阳光灿烂的夏天，第一代三系配套成功的杂交稻种被播种在湖南省农科院的试验田里。袁隆平密切关注和记录着它们每一个细小的变化和成长。这些珍贵的种子飞快地发芽、蹭个、抽穗，眼看个头一天天超过了对照组的稻苗。

他看在眼里，喜在眉梢。但是每次上面来人视察秧田时，他总是很低调。

毫无心机的罗孝和每天一边哼着歌一边照顾稻苗，心情好得不得了。看着这些杂交秧苗如期茁壮成长，他喜不自禁，逢人就夸，我们这个杂交水稻可不是一般的稻——是三超稻。

这个听上去就令人为之一振的名词，果然引起了许多人的好奇。罗孝和于是乎耐耐心心地与人解释，所谓三超，是指试种的稻子产量超过了父本、母本，还有对照品种……

很快，这个新鲜的名词就传入了湖南省革命委员会。一向支持杂交水稻的生产组组长闻讯前来视察。罗孝和热心地引领他来到试验田前，如此这般地将“三超稻”的前景描述一番。组长一边听一边忙不迭地点头。他迫不及待地渴望将这个振奋人心的好消息传播出去。回到省里，他即刻召开了新闻发布会，号召全省尽快推广杂交水稻。

> 我们清楚地记得，在发展过程中始终是机遇与挑战并存。
>
> ——袁隆平心语

安乡农校这亩小小的试验田，凝聚了更多人的厚望。袁隆平夜以继日地守在稻田边。直到姗姗来迟的秋收季节。田里一片绿意盎然。稻苗疯长，个头几乎超过这么多年来的所有实验苗。袁隆平拨开渐趋金黄的禾尖，稻穗并不如预料中饱满丰盛。他开始有点隐隐的担忧。

在一个称得上是万众瞩目的晴朗秋日，袁隆平和几位助手亲自下地，收割完这块凝聚着多年汗水和心血的水稻。

然而，“我们清楚地记得，在发展过程中始终是机遇与挑战并存。”与对照组的稻谷分别过秤后，袁隆平的担忧被证实了。稻草增产了一倍多，稻谷的产量并没有增多。围观的人群顿时一片哗然：

可惜人不吃草，要是人吃草，杂交稻的优势就很明显了……

他们拿着国家的钱财，浪费国家的土地资源……

澄清流言

愚昧和心怀叵测的造谣者是滋生流言的温床。省里领导闻讯前来观看，眼前看到的一幕令人难以置信地沮丧。

省里原本计划召开的庆功会变成了批斗会。宽敞的会议室里稀稀拉拉地坐着几个人。一直以来对杂交水稻抱以厚望的人默默地坐着，心里又是难过又是不解。原本就对杂交水稻有固执成见的人，又一次搬出了“水稻无杂交优势”之矛。他们摇着头，叹着气，表达着煞有其事的惋惜。

罗孝和垂头丧气地站在角落里，一脸委屈。

袁隆平一直没有说话。直到大家的意见表述得都差不多了。他才站起来，一字一顿地说：“稻草增长本身就是水稻杂交优势的表现。只是配组不恰当，所以优势才体现在稻草而不是稻谷上。今天的事实证明，我们只需要找到最适合的配组，就能把稻草增产的优势转移到稻谷增长上来。”

> 灵感在科学研究与艺术创作中，具有几乎相等的重要作用。
>
> ——袁隆平心语

袁隆平的一番言简意赅的话掷地有声。会场顿时鸦雀无声。稍过片刻，大家如醍醐灌顶，会场响起了热烈的掌声。大家激烈地讨论起来。

如同在许多次会议上一样，袁隆平悄悄地退出了会议室。

时不我待。他需要争分夺秒地找到最佳配组。罗孝和见老师离席，赶紧追了出来。袁老师……

他焦急又惭愧地试图对老师解释点什么。袁隆平笑着摆摆手，“不用说，不用说，我都知道。”罗孝和默默地跟在老师身后，心里充满感激和崇敬。如果不是自己当初贸然宣扬三超稻，今天就不会面临如此尴尬的局面。而袁老师简简单单的几句话就力挽狂澜。否则，杂交水稻研究说不定又会陷入什么样的困境。

就是在这一刻，他突然明白了这位令人敬仰的老师，谈起学术问题时滔滔不绝，在面对媒体和公众时却低调得像个朴素少言的农民。大音希声，这是一种哲学智慧。在没有取得百分之百成功的前提下，对杂交水稻事业、对自我都是一种隐秘的保护。

三系配套宣告成功

袁隆平回到家里，简单地收拾了一下行李，就直接奔赴海南南红基地。光阴在稻田里以奔跑的速度流转，转眼间，暑去秋来。经过数轮测交配组，袁隆平配置了10多公斤杂交稻种。稻种收获的当天，他就踏上了回长沙的火车。他夜以继日地赶路，迫切地渴望早日将种子下地。

回到长沙，他把稻种分给助手试种。对这些实验种子，袁隆平严格按照老百姓种水稻的日常照管程序，只中耕一次，施肥一次。

这位心地善良的农业科学家，他追求的并不是虚无浮夸的表面高产。他考虑到的是，杂交水稻稻种只有按照老百姓的常规照管获得高产，才有货真价实的推广意义。如果这些种子娇贵得每一颗都得像科学实验一样精心照顾，它对老百姓而言便毫无价值。

> 一个人如同一粒尘土，无论怎样飞扬，还是要落到土地上。
>
> ——袁隆平心语

1973年秋天，这批种子收获了。它们没有辜负为之呕心沥血的袁隆平。一过秤，亩产505公斤。而在对照组精耕细作的五亩实验地中，只有一亩勉强达到500公斤。

至此，杂交水稻的优势经过千呼万唤，终于初露锋芒。

第二年，在袁隆平的指导下，湖南省农科院的百亩杂交水稻试验田亩产均超过五百公斤。人们闻讯而来，索取神奇的杂交种子。这一年，全国种植杂交水稻五千多亩。

秋收时节，中国农科院在苏州召开水稻科研会议。研讨会理所当然的主角袁隆平应邀出席。他宣读了自己的论文《利用野败选育三系的进展》，宣告着我国杂交水稻三系配套的成功。中国成为世界上第一个生产上成功利用杂交水稻优势的国家！

自古忠孝难两全

袁隆平并没有被巨大的成功冲昏头脑。对事业奉行完美主义的他不肯给自己喘息的时间。杂交水稻优势配组成功，但是它的杂交优势只表现在第一代，第二代就会呈现分离。这就意味着每年都要进行制种。

袁隆平这只孜孜不倦的候鸟，又一次飞往气候温煦的海南岛。多年以来，这儿几乎成了他的第二个家。杂交水稻制种进入攻关阶段之时，袁隆平起早贪黑地往返于基地和试验田，偶尔在地头小憩的时候，才有空想起远在千里之外的家人。有善良能干的妻子邓哲照顾，家里年迈的双亲和牙牙学语的孩子基本上没让他操过什么心。

> 山外青山楼外楼，自然探秘永无休。成功易使人陶醉，莫把百尺当尽头。
>
> ——袁隆平心语

这年冬天，住在安江农校的妻子邓哲收到了一封来自重庆的电报。袁隆平的父亲袁性烈因胃癌住院。

邓哲顿时心急如焚。然而，忧心忡忡的她并没有将这个消息告诉袁隆平。这么多年了，她已然习惯独自处理所遇到的一切艰辛和痛苦。若说不累，那是撒谎，说没有怨言，那是真的。这个深明大义的女子，从嫁给袁隆平那一天起，就知道自己注定要成为他背后的依靠和温暖的臂膀。

她安排好孩子和工作之后，即刻奔赴重庆照顾老人。见到风尘仆仆赶来的儿媳只身一人，同样善良的老人想都没想过要问一句，隆平为何不来。

就这样，邓哲独自在医院里日夜守护了一个多月直到老人病危。“不要告诉隆平，不许叫他回来。”气若游丝的老人用微弱的语气断断续续地强调。邓哲含泪点了点头。

此刻，袁隆平正一头扎在试验田里。像金子一样宝贵的种子容不得半点疏忽。他断然没有料到，千里之外的父亲已生命垂危。待袁隆平回到家中，已是第二年春天。看到迎上来的妻子臂上缠着黑纱，他顿觉五雷轰顶。手中提着的行李哗啦一声散落了一地。

这天晚上，袁隆平坐在门槛上，询问着父亲从住院到去世的细节，感情内敛的他红着眼圈，强忍着锥心的痛，埋着头抽了整整一晚上的烟。

1982年，岳母患癌症住院，袁隆平正要出国。妻子强颜欢笑，推着他往外走，“你快点去吧，家里有我呢。”待他出国回来后，心急如焚地直奔家中。岳母已经去世。妻子泪光闪闪地站在门口，望着他难过得一句话也说不出来。

1989年，袁隆平的母亲在安江病危。当时他正在长沙参加一个杂交水稻的现场会，任主持人。他在开会的间隙一次次跑出去打电话询问母亲的病情。从不信神的他在心里一次又一次默默地祈祷神灵保佑。会议结束，他马不停蹄地赶往安江。可是还在路上，就接到了噩耗。

袁隆平握着电话的手一直在止不住地颤抖。他一路强忍着满腔热泪，赶到农校，从车上跳下，就冲到屋里扑到母亲身上号啕大哭起来。“我来晚了，我来晚了啊。”他捶打着胸口，狠狠地责怪着自己。

> 自古忠孝难两全，成绩与荣誉归功于祖国，祖国利益高于一切！
>
> ——袁隆平心语

时隔多年，每每有人提起这些往事，一贯爱笑乐观的袁隆平总是瞬间失语，神情戚然。自古忠孝难两全。一次次的生离死别，让他深深体会到这句朴素古语里蕴含的深刻无奈。

在花期相遇

初期，在试验田制出的杂交种子亩产只有5.5公斤。经过细致核算，如果向老百姓推广杂交水稻，只有亩产达到40公斤才合算。否则，稻谷增产带来的收入就会被过高的制种成本所抵消。

经过长期的跟踪观察和无数次实验，袁隆平找到了问题的根源所在。杂交水稻制种难，原因并不是某些专家断言的“水稻花颖小，花粉数量少，开花时间短，不利于异花授粉”。

造物主神奇奥妙，植物的生长、花期都有其独特的生物钟。几时开，几时谢，它都不紧不慢地遵循着自己的规律。种子的产量决定于父稻和母稻的扬花时间是否一致。如果它们能在花期相遇，种子达到40公斤没有任何悬念。

“因此，在科学研究过程中，切勿放过思想火花。我培养灵感就四个字，那就是知识加汗水。在知识的土壤里，用汗水才能浇灌出灵感的花朵。”

很快，袁隆平针对这一发现制定了对策……针对水稻的生物钟，调整播种期，在花期人工帮助授粉，增加结实比率。

中国农民具有许多朴素而妙趣的民间智慧。譬如说赶花。在抽穗时，用剪刀把过多的稻叶剪掉，让花粉顺利飞散。在水稻扬花之际，两个人拉着绳子在稻田两边的田埂走过，让绳子在开花的稻穗上拂过。每到试验地的扬花季节，扬着长绳的赶花人就成为一道美丽的风景。多年以后，前来取经的外国专家看到这一幕，顿时目瞪口呆。

与此同时，罗孝和发现了920喷剂的新用途，它能促使稻苗同步抽穗。这个意外的发现再度增大了父稻母稻在花期按时相遇的准确性。次年春天，湖南协作组培育的27亩制种田，平均亩产29公斤，亩产最高超过了50公斤。

> 我个人在杂交水稻研究的前沿工作中起了一点带头作用，但杂交水稻是大家干出来的，单枪匹马不可能干出来，得靠国家、靠集体、靠方方面面的支持。
>
> ——袁隆平心语

实验范围逐渐扩大，至1976年时，亩产增长50—100公斤，比常规稻种增长20%以上。杂交水稻制种的技术性难题宣告破解！

袁隆平始终谦虚地说：“我个人在杂交水稻研究的前沿工作中起了一点带头作用，但杂交水稻是大家干出来的，单枪匹马不可能干出来，得靠国家、靠集体、靠方方面面的支持。”

袁隆平伏案奋笔疾书，将在实践中的经验拟写成论文《杂交水稻制种与高产的关键技术》。他总结道，首先，要选择亲缘关系较远的父本和母本，其次，要选择性状可以互补的父本和母本，最后，要把握实践，保证父稻和母稻在花期相遇……

杂交水稻的春天

后来，“四人帮”被粉碎，“文化大革命”终于结束。1978年8月，袁隆平被选为全国人民代表大会代表，参加全国人大第一次会议。中国科学院院长郭沫若在会议上宣告：我们得到了第二次解放……科学的春天来到了！

知识分子获得了史无前例的重视。迎着改革开放的春风，湖南杂交水稻研究中心成立，袁隆平担任主任。他终于能心无旁骛地驰骋在水稻王国里。在这期间，他撰写了大量的论文和专著。根据他的理论，我国的油菜、辣椒、瓜类等经济作物的杂交技术相继取得突破性成功。

推广杂交水稻期间，遇到许多趣事。指导农民试种杂交水稻，插秧的时候一兜禾只插一根秧苗。尽管禾苗分蘖快，但是个子长得不高。种了几十年水稻的老伯天天跑到稻田边去看，忧心忡忡地摇头：“种这样的禾，哪会有饭吃啊。”担心得晚上都睡不着觉。

谁知，时间一天天过去，眼看禾苗迅速分蘖，长得又满又密。秋收时期一过秤，足足比之前的稻种产量增多了1/3。老伯高兴得逢人就夸杂交水稻好。

> 在思想方法上，毛主席的《矛盾论》和《实践论》对我的影响最大。
>
> ——袁隆平心语

贵州金沙县农业局有一位叫张本的技术员，是袁隆平的大学同学。大学毕业后，张本被分配到贵州省农科院。后来被莫名其妙地打为“右派”，他的妻子不堪忍受巨大的压力与他离婚。后来，他去了一个偏远的小县城——金沙。昔日风华正茂的高才生过着孤苦而潦倒的生活。

1975年，心地善良的袁隆平得知这个昔日同窗的境况，唏嘘不已。他寄给张本五斤杂交水稻种子，还连夜给他写了一封情真意切的信。收到包裹，用颤抖的手打开这封来自千里之外的信，看到同窗似曾相识的字迹，张本不禁潸然泪下。

待到春耕时期，张本按照信中的播种技巧将种子一一播下，像对待自己的孩子那样悉心照料。村民们看到他每一兜禾苗只插一根秧，都嘲笑他疯了。张本笑了笑，沉默不语。这个昔日农学院的高才生从那封薄薄的信里读出了杂交水稻巨大的潜力和价值。他相信袁隆平。

秋收时候到了，等着看笑话的人围满了田垄。亩产850公斤的结论，证明它创造了金沙水稻种植史上的奇迹。围观者目瞪口呆。

农技员张本弄来的神秘种子获得奇迹般的高产。这个消息迅速传遍了全县。金沙县的县委书记听闻，专程奔赴长沙，极力邀请袁隆平到金沙指导播种。袁隆平欣然应约。待他回去后，张本即刻被任命为县农科所所长，专门负责杂交水稻的推广和指导生产。第二年，他与一个美丽善良的当地姑娘喜结良缘，生活发生了天翻地覆的变化。

这只是杂交水稻推广中的一个小故事而已。这颗神奇的种子，改变了无数人的命运。

> 谈到杂交水稻的成功，可以用这样一个公式来说，知识+汗水+灵感+机遇=成功。
>
> ——袁隆平心语

第二次绿色革命

为了测试杂交水稻适应环境的能力，袁隆平为全国多个示范种植点提供了大量的种子。事实证明，不管是怎样的环境、土壤、气候条件，是丘陵还是平原山区，都有显著的增产。

为了利用华南沿海地区的有利气候条件，培育出足够的不育系种子，推广杂交水稻，高瞻远瞩的袁隆平制订了扩大南繁的计划。在华国锋副总理的大力支持下，国务院拨款150万作为推广经费。

1975年冬天，湖南省政府拨款100万，拨粮150万公斤，组织全省八千多人的育种大军奔赴海南，由袁隆平担任总顾问，至此拉开全国大规模南繁制种的序幕。

在短短一年时间里，在气候四季如春的海南进行了四次繁育。117公斤不育系种子，总共收获11万公斤应用于大田生产的稻谷。制种3万多亩，亩产制种产量得到大幅度提高。

这次声势浩大的南繁，收获的不仅仅是这些珍贵的稻种。来自各地参加南繁的技术员，回到家乡后，都成为当地推广杂交水稻的骨干力量。他们向乡亲们描绘着杂交水稻的蓝图，成为推动杂交水稻事业的重要生力军。

第二年春天，湖南大面积种植杂交水稻，稻谷产量较之常规水稻增长率都在20%以上。按照经济学家的理论，人民群众的物质生活水平取决于国家政策和科学技术的发展程度。湖南的一位农民深有感触地说，我们解决吃饭问题靠"两平"（指邓小平和袁隆平）。

白天奔波在地里田间，晚上挑灯夜战，袁隆平潜心写作了第一部科研巨著《杂交水稻》，将自己的经验无私地奉献出来。

对于袁隆平来说，"这项工作仅仅才开始，还有广阔的发展前途，还蕴藏着巨大的增产活力。"

袁隆平名言

> 这项工作仅仅才开始，还有广阔的发展前途，还蕴藏着巨大的增产活力。
>
> ——袁隆平心语

"我成功的秘诀：知识、汗水、灵感、机遇。谈到杂交水稻的成功，可以用这样一个公式来说，知识+汗水+灵感+机遇=成功。有知识是很重要的；有了知识，又发奋努力，才会有灵感；再加上好的机遇，才有可能获得事业上的成功。"

"灵感是知识、经验、追求和思索综合在一起的升华产物，往往由某一外界因素诱发而产生，即所谓触景生情。同时灵感常以一闪念（即思想火花）的形式出现。因此，在科学研究过程中，切勿放过'思想火花'。我培养灵感就4个字，那就是'知识'加'汗水'。在知识的土壤里，用汗水才能浇灌出灵感的花朵。"

"我们清楚地记得，在发展过程中始终是机遇与挑战并存。"

"我个人在杂交水稻研究的前沿工作中起了一点带头作用，但杂交水稻是大家干出来的，单枪匹马不可能干出来，靠国家、靠集体、靠方方面面的支持。"

"成绩与荣誉归功于祖国，祖国利益高于一切！"

“一个人如同一粒尘土，无论怎样飞扬，还是要落到土地上。”

“杂交水稻虽然已成功地应用于生产，但它还有缺点，也还有很大潜力，需要继续努力去改进和完善。”

“山外青山楼外楼，自然探秘永无休。
成功易使人陶醉，莫把百尺当尽头。”

——袁隆平在书房里挂上自己写的一首诗

“作为一名科学家，不能迷信权威，迷信书本，也不能因为取得了一丁点儿成绩就沾沾自喜，居功自傲。科学是没有止境的。”

“当时有歌谣唱道：‘大水山峰高又高，层层梯田持山腰。种子撒在云雾里，银河两岸种杂交。’”

“在思想方法上，毛主席的《矛盾论》和《实践论》对我的影响最大。《矛盾论》讲过，内部矛盾是推动一切事物发展的动力。杂种优势就是两个遗传上有差异的品种杂交，有矛盾，才有优势。我们现在搞亚中间超级杂交稻，就是把矛盾扩大了。另外，关于水稻有没有杂种优势，也是通过实践证明它是有优势的，然后在理论上加以提高，再用来指导实践，这是《实践论》的思想方法。我对毛主席著作学习得比较肤浅，但《矛盾论》和《实践论》对我的思维方法有非常大的作用。”

“工作要扎实吃苦，但弦不能绷得太紧，要有松有弛。不会休息的人就不会工作，不会锻炼的人也不会工作。在其他方面相同的条件下，一个人的身体好坏与他的事业成功与否是成正比的。我从来没有累倒在稻田里，这是记者夸大的。一个人累倒了还不休息，继续工作，这是不值得提倡的。”

“我常想，为什么我们国家的科研能在国际范围内占有重要的一席之地呢？就在于我们有优越的社会主义制度，有实事求是的党。”

十一 谈荣誉等身

荣誉使我常怀感恩之心

随着杂交水稻的巨大成功，荣誉纷至沓来。

袁隆平当之无愧地获得中国首个特等发明奖。随之而来的是，不少单位争先恐后地聘请袁隆平出任琳琅满目的职位。

令邀请者头疼的是，袁隆平对这些常人趋之若鹜的职务唯恐避之不及。

在其位，谋其政，这是袁隆平朴素的从业理念。一直以来，袁隆平其实真正意义上的职位只有一个——湖南杂交水稻研究中心主任。

适于生长杂交水稻的纯净土壤，这才是他梦想所栖的地方。

中国完成杂交水稻三系配套的消息，很快传到了国际水稻界。

这是水稻研究历史上的一项伟大创举，一座曾被预言人类无法攀登的冰山。而这个看似不可能的任务，竟然被一个年轻的中国人悄无声息地完成了。

许多国家向袁隆平发出热情的邀请，杂交水稻开始走向世界……

当荣誉纷沓而至

鉴于杂交水稻给中国带来的巨大经济效益，在党的十一届六中全会通过《关于建国以来若干历史问题的决议》中，把杂交水稻、氢弹与人造卫星的发射回收并列为我国科学技术的重大成就。

袁隆平一如既往地淡定：

"我今天获得的荣誉已经够多了，荣誉不仅使我常怀感恩之心，而且实际上对我也是一种精神鼓励，鼓励我继续努力，争取新的成绩。"

这年夏天，国家科委和国家农委在北京举行中国首个特等发明奖授奖仪式。奖金十万元。在吃大锅饭的当时，几乎所有参与杂交水稻事业的人员都分到了奖金。袁隆平分到五千元。作为这一伟大工程的总设计师，对于奖金的处理，他没觉得有任何不妥。

> 我今天获得的荣誉已经够多了，荣誉不仅使我常怀感恩之心，而且实际上对我也是一种精神鼓励，鼓励我继续努力，争取新的成绩。
>
> ——袁隆平心语

他数十年如一日兢兢业业地奋战，为的是梦想而并非为了钱。当成功姗姗来迟之时，竟然还伴随着"巨额"奖金，他已然十分知足。

当袁隆平将这笔"巨款"交到妻子手中，一向淡泊的邓哲亦惊喜不已。小两口儿你看看我，我看看你，乐得合不拢嘴。难怪古人曾云，无欲则刚。幸福指数取决于预设的期望值。他们以杂交水稻事业为己任，不求功名不求利，生活给予微小的回报，对于淡然的他们而言，就是莫大的礼物。

杂交水稻研制成功的喜讯，像长了翅膀一样飞遍全国各地。随之而来的是纷沓而至的荣誉。不少单位争先恐后地聘请袁隆平出任琳琅满目的职位。

在困难迭出的研究工作中不管遇到多难的处境都不曾慌乱的袁隆平，这会儿却乱了阵脚。"不行不行，不去不去。"袁隆平又是摇头又是拱手，几乎婉言拒绝了所有纷沓而至的追寻者。袁隆平一向自持清醒，他的字典里没有从政为官的字眼。若想走仕途，当初年少时就不会选择面朝黄土背朝天、跟稻谷和麦子打交道的事业。再说了，要做的事情还多着呢。

他可不想把时间耗费在没完没了的会议上。

然而，袁隆平终究拗不过那些三顾茅庐的好心劝说者。湖南省委组织部请他担任省农科院院长，级别属正厅级。袁隆平实在推辞不过，只好退而求其次，出任名誉院长。

后来，“经过组织的耐心劝导”，袁隆平出任全国政协常委、科协副主席等职务。聪明的袁隆平貌似妥协，实则在面临两难选择时找出了最佳的折中之道。在“被”出任这些职务时，他都与相关负责人员约法三章：除了换届选举和特别重要的会议之外，一般活动一律不参加。这些叫人有点哭笑不得的约定，竟然被默许了。

在其位，谋其政

面对这个神色匆忙的伟大科学家，没有人敢质疑他的桀骜不驯。袁隆平对这些让多少人趋之若鹜的职务避之唯恐不及，这些另类的约定反而令人肃然起敬。

在其位，谋其政，这是袁隆平朴素的从业理念。所以，貌似各色职位等身的他，其实真正意义上的职位只有一个——湖南杂交水稻研究中心主任。生长杂交水稻的纯净土壤，这才是他梦想所栖的地方。

> 把名利看得淡一点，或者很淡，就不容易受到打击，就不会为名利所累，就不辛苦。
>
> ——袁隆平心语

“我不是没有名利思想，说完全没有名利思想，也是不实在的，一个人真正做到没有名利思想是很难的，但是不要把它放在第一位，要把事业放在第一位。把名利看得淡一点，或者很淡，就不容易受到打击，就不会为名利所累，就不辛苦。”

在国内淡泊名利的袁隆平，却极其在乎祖国在国际上的声誉。数年之后，应国际水稻研究所之邀，袁隆平到菲律宾开展合作研究时，发现育种研究室给他的待遇竟然只相当于一个实习研究生。一向和颜悦色的袁隆平神情愤然，拂袖离席而去。

后来，相关负责人员赶忙过来道歉，又将级别马上提升到特别研究员，袁隆平这才息怒，解释道，我们中国科学家在国内是从不争经济利益的。

可是到了您这里，拿多少钱就关系到中国科学家甚至是中国人的体面了。

相比个别在国内耀武扬威，在国外便唯唯诺诺、卑躬屈膝的人，袁隆平出访菲律宾的这个小插曲令人深思。

杂交水稻走出中国

中国完成杂交水稻三系配套的消息，很快传到了国际水稻界。这是水稻研究历史上的一项伟大创举，一座曾被预言人类无法攀登的冰山。而这个看似不可能的任务，竟然被一个年轻的中国人悄无声息地完成了。

1979年春天，菲律宾国际水稻研究所举行学术研讨会。他们向当时已声名鹊起的袁隆平发出了热情的邀请。

袁隆平将在这次举世关注的会议上，回答来自全世界顶尖的水稻专家的提问，并用英语宣读自己数十年汗水凝聚而成的心血之作《中国杂交水稻育种》。

收到消息时，离会议召开只有短短一个月。袁隆平奔赴北京，借了一盒在当时算是稀罕之物的英语磁带。就凭着这盒旧磁带，加上少年时期在学校的英语底子，袁隆平很快便顺利地将论文翻译成了行云流水般的英文。

> “杂交水稻之父”的称呼最先是由国际水稻研究所的所长说出来的，后来在国际上扩散开来，就逐渐地都这么称呼了。
>
> ——袁隆平心语

研讨会上，第一个发言的是世界水稻界的权威，日本的新城长友。他也是袁隆平一直很敬仰的一位科学家，在水稻研究上做出了许多充满创意的成就。他曾经来过中国，袁隆平当时还感慨与他无一面之缘。没想到多年以后，竟然在这儿相逢。

袁隆平支棱着耳朵，专心聆听他的发言。没想到新城长友在水稻研究上如鱼得水，英语却磕磕巴巴。原本还有一点紧张的袁隆平，这一下释然起来。

轮到袁隆平了，他从容不迫地走上讲台，用标准而流利的英文宣读了自己的论文。这个看似消瘦黝黑的中国科学家，他的论文中有不少令在座的水稻专家都有点陌生的字眼。台下顿时鸦雀无声，齐刷刷地看着神情自若的袁隆平。

自由提问时间到了，袁隆平笑容可掬，谈笑风生，一一回答了大家的疑问。

一位澳大利亚学者好奇地问道，什么叫赶粉？袁隆平用清浅生动的语言描述了这个充满中国民间智慧的高招，再幽默地补充了一句——就像贵国澳大利亚的牧童赶羊一样。

现场笑声掌声响成一片。由于当时在世界上只有中国完成了杂交水稻的三系配套，很多科学家还不太了解这个看似艰涩的课题，所以提问很快就结束了。

会议后，很多学者围住了袁隆平，他们对这位来自东方古国的科学家有太多的好奇。其中，也包括日本的新城长友。

截至1979年，菲律宾国际水稻研究所的杂交水稻研究终止了八年之久。在袁隆平的答辩完毕后，研究所即刻宣布重新启动这一项目。

这次会议在国际水稻界掀起了轩然大波。每个与会者都牢牢地记住了一个来自神秘东方古国——中国的一个面孔。袁隆平这个名字响彻了国际水稻界。

自此，中国在世界水稻界声名鹊起，取得了当之无愧的世界领先地位。

有时被人们称为伟大科学家，说老实话很让我诚惶诚恐，不是伟大，是尾巴大，尾巴大了也有好处，就是不能翘尾巴。

——袁隆平心语

杂交水稻之父

三年之后，菲律宾国际水稻研究所再次召开学术报告会。主持会议的是国际水稻所所长斯瓦米纳森博士。这是一位德高望重、满怀抱负的科学家。

他在担任印度农业部长期间，大力推广高产矮秆水稻，被称为水稻界的第一次绿色革命。这次绿色革命大大提高了粮食产量。

斯瓦米纳森博士引领袁隆平走上主席台时，电子屏幕上打出了袁隆平的头像，以及一行大字——“杂交水稻之父”。袁隆平吐了吐舌头，不禁有点愕然。

斯瓦米纳森博士的声音洪亮悦耳——“今天，我十分荣幸地在这里向你们郑重介绍我伟大的朋友、杰出的中国科学家、我们国际水稻研究所的特邀客座研究员——袁隆平先生！”

“我们把袁隆平先生称之为杂交水稻之父，他是当之无愧的。他的成就不仅是中国的骄傲，也是世界的骄傲。他的成就给世界带来了福音。”

台下顿时掌声雷动，经久不息。

袁隆平虽然有些诧异，但还是从容不迫地走上主席台，用流利的英语向大家表示问候。

“今天，能和各位老朋友在这里再次相聚，与各位新朋友在这里相识，我也感到无比的愉快和荣幸。

“非常感激斯瓦米纳森博士对我的介绍和夸奖。我虽然在杂交水稻的研究方面做出了一点成就，但不一定值得各位朋友如此隆重的推崇。

“我感谢大家的深情厚谊，并愿借此机会在这里表示，我们中国科学家非常乐意和世界各国科技界朋友相互学习，携手并肩，为科学的进步和人类的幸福创造出更多的新成果。

“我也希望能在这里听到更多关于水稻研究方面的精辟见解和新颖思路，使我从大家的发言中获得更多的启发和教益……”

第二天，菲律宾报纸头版刊登了袁隆平的照片和“杂交水稻之父”的大字标题。

> 乍一听到被称为“杂交水稻之父”时，我感到很突然，说老实话，也很欣慰，很受鼓舞。当然，也感到有压力，给你这么一个荣誉，你就不能躺在功劳簿上，要继续努力。
>
> ——袁隆平心语

“按我个人的理解，这个‘之父’呢，可以说是‘创始者’的意思，杂交水稻的创始者。这是很高的荣誉！此前我没有任何思想准备，乍一听到被称为‘杂交水稻之父’时，我感到很突然，说老实话，也很欣慰，很受鼓舞。当然，也感到有压力，给你这么一个荣誉，你就不能躺在功劳簿上，要继续努力。”

从此，袁隆平在国内和国际上赢得了当之无愧的“杂交水稻之父”的称号。

被施了魔法的东方种子

1979年初夏，美国圆环种子公司总经理威尔其访问中国时，收到了一份十分特别的礼物——半公斤杂交水稻种子。

这些神奇的种子被播种在万里之外的美洲大地上。收获时，他们惊讶地发现，比美国最好的稻种还要高出1.65倍的产量。

这个发现令威尔其震惊不已。他做梦都想弄清楚，这些来自东方的种子到底被施了什么魔术。他多次飞往北京，洽谈合作事宜。最后，以20万美元的首期转让费，邀请中国农业专家赴美传授制种技术。

杂交水稻制种技术的价值，用金钱是无法衡量的。振奋人心的不是这区区20万美元，而是它的重大历史意义——这是中国历史上的第一笔跨国知识产权交易。在很多新鲜玩意都冠之以“洋货”的70年代末，这是一件多么令人扬眉吐气的事情啊。

顿时，全国媒体都头版头条对此事件予以报道。

袁隆平即将携带杂交水稻，走出中国！

> 我不会忘记每一个帮助过杂交水稻事业的人。
>
> ——袁隆平心语

第二年五月的一个上午，袁隆平偕同陈一吾、杜慎余一行三人到达洛杉矶机场。

威尔其亲自跑到机场接机。当飞机徐徐下降，他们三人有说有笑地从舷梯上走下来。西装革履、大腹便便的陈一吾走在最前面。

威尔其走过来，一把抱住陈一吾，又是点头，又是鞠躬：“您好，尊敬的袁先生，真诚地欢迎您的到来。能够结识您这位伟大的科学家，并在美国接待你，我感到无比的荣幸。”

他虽然到过中国许多次。却与袁隆平素未谋面。袁隆平长期在田里做实验，皮肤晒得黝黑，又穿得很朴素。威尔其理所当然地把长相富态的张一吾当作了袁隆平。张一吾是万分尴尬，袁隆平和杜慎余在后面捧腹大笑。威尔其这才明白过来，是自己抱错人了，他忙不迭地道歉。袁隆平笑着给他打圆场说，没关系，连中国人都会把我认错，更别说美国人了。

见惯了大腹便便的专家，头一遭遇到这般平易近人的科学家，威尔其不禁心中暗生敬意。

异国的授课之旅

在晚上的欢迎晚宴上，这个貌似老土的东方科学家再次叫他们目瞪口呆。为了欢迎来自遥远中国的尊贵客人，威尔其还安排了一些精彩的演出。晚会的气氛越来越浓烈，袁隆平一时兴起，走到台上拿起话筒，准备献唱一首。他一开腔，浑厚悠扬的男声在宴会厅优雅地响起。一首大气而深情的《Old Black Joe》艳惊四座。这是袁隆平小时候母亲教唱的英文歌。直到今天，他都没有忘记这首优美的曲子。

> 如果把名利看得很重，就辛苦，为了名利去搞研究，你一遇到挫折就要泄气，就会有负担的。
>
> ——袁隆平心语

朴素的衣着、流畅的英文、从容而亲近的笑容、卓越杰出的才华……登时，这位来自东方的科学家一时成了神话传说般的人物。

袁隆平很快投入异国的育种工作。在当时的中国，农业基本上是最原始的手工劳作阶段。播种、插秧、施肥、割稻……基本上都靠农民那双长满老茧的手。而在美国，农业的机械化程度很高。播种是用飞机，收割机上都安装了空调。从撒种到收获，几乎全是机械化操作。

在美国，从事农业工作可算是技术活。袁隆平手把手地教他们播种、分蘖，踩在湿泥地里长时间寻找不育株……习惯操作大型农业机械、“养尊处优”惯了的他们哪见过这架势，一点稻叶钻进脖子里就会大声尖叫。

袁隆平一边摇头，一边忍不住大笑，和他们说起了在中国研究杂交水稻的艰难困苦。他们咂舌细听，不禁目瞪口呆。

中国农业科学家来到美国传授制种技术的消息，被美国媒体报道。旧金山的《华侨日报》闻讯而来，邀请袁隆平来到唐人街。听说来自祖国的科学家被重金邀请到美国“上课”，整个唐人街都沸腾起来。大家都争抢着邀请袁隆平到家里做客。

短短的授课之旅很快结束了。美国这个当时走在世界最前沿的国度，对知识分子的尊敬和对科学的尊崇给袁隆平留下了深刻的印象。

在中华人民共和国的花园里

随着杂交水稻的国际声誉日渐盛大，越来越多的人渴望了解袁隆平。

1981年，美国的一个电影摄制组闻讯来到中国安江，准备拍摄一部以袁隆平为主角的纪实纪录片。

收到通知时，离开拍日期只有短短的一个月，这可把大家给急坏了。不是担心袁隆平的演技不过关——虽然袁先生压根儿就没想到能跟演员搭上半毛钱的关系，但是自己演自己不过是小菜一碟。而是大家猛然发现，这个享誉世界的科学家现在还住在简陋的小平房里。“历史悠久”的小平房里摆放着几乎能用寒酸来形容的家具。

虽然迄今为止，袁隆平已经获了不少奖，但是大多数的奖金他直接就挪用到了杂交水稻研究中心。在国外传授技术得到的高额工资，袁隆平则一回国就上交给了国家。袁隆平和妻子邓哲都是淡泊之人，如今能有积极和平的研究环境他们就已十分知足，从没有想过要申请住房、改善生活条件。

所以，当农业厅和农科院的同志急匆匆地来到小平房，通知袁隆平搬家时，他们小两口是丈二和尚摸不着头。这不挺好的嘛。他们你看看我，我看看你，面面相觑。

闹了好半天，才弄明白原来是美国人要来拍电影，总不能告诉全世界——咱中国最了不起的农业科学家还住得这么窘迫吧？正好安江农校新建了一小栋科研楼，大家一商议，一致同意立马请袁隆平一家搬过去。

> 出了名不完全是好事，人怕出名猪怕壮”人一出名后，自由度就越来越小。
>
> ——袁隆平心语

就这样，为了不让旧房子造成“恶劣的国际影响”，袁隆平一家搬进了科研楼。为了给国际友人留下中国人爱科学更爱科学家的美好印象，相关负责人还请了几个工人夜以继日地赶工，将科研楼附近的一个小池塘改建成了游泳池。

事实证明，搬家之举和池塘改造工程产生了应有的国际效应。当摄制组的老大劳克先生生平第一次来到湖南时，一走进“袁隆平家”的院子，就被这儿“清幽大气的环境”所深深感染和艳羡。

令劳克先生触动的，远不止一座小院子这么简单，中国之行，让这位地地道道的美国导演大开眼界。比如说袁隆平81岁的老母亲在与摄制组交流时那流利娴熟的英语，就令劳克目瞪口呆。才情满腹的华静女士，纵使已满鬓白发，看上去依旧端庄优雅。也就是在这一刻，劳克突然顿悟了袁隆平性情中的从容大气缘何而来。

影片《在中华人民共和国的花园里——中国杂交水稻的故事》在一片和谐温情的气氛中顺利杀青。这部真实质朴的纪录片在全国各地播映。像瀑布一样垂泻的金色水稻、古老神奇的中国智慧深深感染着各种肤色的观众。当时，世界上还有数额巨大的人口处于饥饿之中，千百年来对温饱的渴求令东方魔稻享誉全世界。杂交水稻被人们誉为中国第五大发明。

> 你不能翘尾巴，你还得要有礼貌，要谦虚，人家尊重你，甚至是崇拜你呀。
>
> ——袁隆平心语

虽然在所有人看来，袁隆平一家住在安江农校的科研楼里就像河蚌住在贝壳里一样天经地义，但是，善良的袁隆平和邓哲还是觉得这栋小楼对于他们太奢侈了一点。后来，他们愣是腾出一半的住房给同样窘迫的李必湖一家住。

此时，多年跟随袁隆平兢兢业业埋头苦干的李必湖，也早已成长为水稻界屈指可数的专家级人物。这栋原本普普通通的小楼，由于他们两家人的入住顿时身价倍增。人们来到这儿，都亲切地称其为专家楼。

袁隆平名言

“我今天获得的荣誉已经够多了，荣誉不仅使我常怀感恩之心，而且实际上对我也是一种精神鼓励，鼓励我继续努力，争取新的成绩。”

“研究杂交水稻，虽然备尝艰辛，但看到杂交水稻给国家和人民带来的巨大利益，就感到无限的欣慰。”

“要谦虚谨慎，戒骄戒躁，把荣誉当作动力，去攀登新的高峰。”

“‘杂交水稻之父’的称呼最先是由国际水稻研究所的所长说出来

的，后来在国际上扩散开来，就逐渐地都这么称呼了。按我个人的理解，这个‘之父’呢，可以说是‘创始者’的意思，杂交水稻的创始者。这是很高的荣誉！此前我没有任何思想准备，乍一听到被称为‘杂交水稻之父’时，我感到很突然，说老实话，也很欣慰，很受鼓舞。当然，也感到有压力，给你这么一个荣誉，你就不能躺在功劳簿上，要继续努力。”

“我怕兴师动众，到一个地方什么市长县长呀出来迎接，我现在到哪里都是这样的。说什么欢迎莅临指导呀，很麻烦，我喜欢随心所欲地到处走走，人家不一定认得我。”

“人活得要有意义，人的一生很短，我记得聂耳、田汉的《毕业歌》里说：今天是桃李芬芳，明天是国家栋梁。我喜欢用保尔·柯察金的话作为人生总结。人最宝贵的是生命，生命对每个人只有一次。人的一生应该这样度过：当他回首往事的时候，不因虚度年华而悔恨，也不因碌碌无为而羞愧。这样，在临终的时候，他就可以说：我的一生都献给了世上最壮丽的事业——为人类的解放而斗争。”

“2001年2月19日召开国家科学技术奖励大会。此时此刻，我无比激动。获此殊荣，对我来说，既是鼓励，也是鞭策。党和国家的期望更使我觉得任重道远。我代表全体获奖人员发了言。我认为，这个奖是奖给全国农业战线的科研工作者的，因为杂交水稻是全国很多人协作攻关的成果。这次国家重奖科学家，充分体现了党和国家尊重人才、尊重知识的政策。这项政策太英明了，它像灌溉的闸门似的，一打开，广大知识分子的聪明才智就发挥出来了。”

“一直以来，杂交水稻和湖南杂交水稻研究中心的发展受到了党和政府的高度重视和关怀。”

“中心的发展遇到几次很好的机遇，连续三任总理，都极其重视杂交水稻的发展，支持我们杂交水稻研究中心的建设，前后以总理基金项目形式，共计拨款4000万元。这里边，能讲出很多动人的故事。这里边更包含了党和国家的殷切希望，对我们来说是最大的动力和促进。”

“我不会忘记每一个帮助过杂交水稻事业的人。”

“有时被人们称为伟大科学家，说老实话很让我诚惶诚恐，不是伟大，是尾巴大，尾巴大了也有好处，就是不能翘尾巴。2007年我到美国参加院士会，在华盛顿白宫前面，好多在美国旅游的中国人要求合影、签名，搞得我很不好意思。你不能把尾巴翘起来啊！”

“我不是没有名利思想，说完全没有名利思想，也是不实在的，一个人真正做到没有名利思想是很难的，但是不要把它放在第一位，要把事业放在第一位。把名利看得淡一点，或者很淡，就不容易受到打击，就不会为名利所累，就不辛苦。如果把名利看得很重，就辛苦，为了名利去搞研究，你一遇到挫折就要泄气，就会有负担的。”

“出了名不完全是好事，‘人怕出名猪怕壮’，人一出名后，自由度就越来越小。我是喜欢自由自在的，现在就没有自由了。一出去，签名啊，照相啊，都来了。你不能翘尾巴，你还得要有礼貌，要谦虚，人家尊重你，甚至是崇拜你呀。媒体来了，也不敢得罪，但说句实在话，这些事太多了，很有点儿烦人。”

“你不知道，这个奖给我很大的压力！专业奖，我不怕，它有比拼的标准。但是精神奖就不一样。它没得个标准。大家对我的要求比平常又高了很多。这样你说压力大不大？不管怎么样，这个奖是一种鼓励，一种鞭策。”

——谈获评感动中国人物奖

成为几个孩子的父亲之后，忙于工作的袁隆平却总是在他们的生活中缺席。

多年以来，妻子邓哲默默地承担着照顾家和孩子的全部重任。

她曾经看到他顶着烈日整天埋首田间，曾经陪着他在实验室里待在凌晨，曾经在遭遇浩劫时日日合手祈祷，一路看着他怎样冒天下之大不韪选择一条曾被人预言没有出路的路……在那些最艰难的岁月，她是他背后的支柱和力量。

看似不擅表达感情的袁隆平，其实心如明镜。

他总是试图用各种方式去补偿妻子和孩子。他外出开会，总是喜欢带上妻子一起。外出时他喜欢给家人买礼物。生平第一次“请假”，亦是为了照顾病重的妻子。他骄傲地与人介绍她“这是我的贤内助”……

爱就在每个温暖的细节里。他用这样朴素的方式，弥补着在奔忙事业时对妻子和家的疏忽。

“家庭生活美满，人生才会美满。”袁隆平不止一次感慨道。

弄丢孩子的粗心爸爸

许多年来，由于忙于杂交水稻研究，袁隆平几乎从来没有特意带孩子出门游玩过。万家团聚的春节、孩子的生日、孩子突发高烧的时候……他们四处奔波，父亲总是缺席。

袁隆平一次次在心里感慨，遇到邓哲何其幸运。她就像当年自己的母亲那样，既有着传统东方女子的贤淑善良，又有着非同寻常的聪慧能干。虽然他一直无暇照顾孩子和家，但是邓哲一个人照样将这一切打理得井井有条。

1973年，在南繁工作最艰难的时刻，为了慰藉任劳任怨跟随自己南征北战的战友，袁隆平轮番安排大家带家属去海南“陪战”。他也带上了邓哲和当时尚年幼的五二。火车上永远人山人海。他们把呼呼大睡的五二塞在行李架上，俩人轮番用手护住孩子以免翻身掉下来，就这样颠簸着站了一路来到海南。下车时浑身散架似的痛。这就是这么多年来全家第一次举家长途“旅行”。

> 她认识我这个事业很重要，也支持我，如果她不认识，你搞什么名堂，她就不会理解。
>
> ——袁隆平心语

看似木讷的袁隆平，内心是何其睿智之人。曾经是出于无奈，不管是时间上还是经济上都不具备条件。而现在，袁隆平总是试图用各种方式去补偿她和孩子。

1981年夏天，袁隆平接到了去北京开会的通知。袁隆平决定带上妻子和两个孩子一起去。他豪情万丈地表示，一定要带他们去北京“好好地玩一玩”。

令人遗憾的是，一贯在生活小事上笨拙的袁隆平竟然连车票都没有买到。“没关系，站着就站着，反正又不是第一次了。”邓哲安慰丈夫道。于是，他们就带着孩子挤在过道上。五一和五二难得出趟远门，他们倒是兴奋得很，在人群中穿来跑去，玩得不亦乐乎。

这时，列车长从车厢里经过，袁隆平赶紧挤过去，表示想补几张票。列车长摇摇头，和颜悦色地拒绝了。五二嘟嘟囔囔地说：“爸爸，美国人都找你拍电影，你怎么连票都买不到啊。”袁隆平被他逗乐了。“哈哈，这可不是一回事。”

说者无心，听者有意。“拍电影？”列车长定睛一看：“哎哟，这不是水稻专家袁隆平嘛。”他赶紧追上去，又是握手又是问好，连连说去想法安排给他们补卧铺票。袁隆平倒有点不好意思起来。

后来，想到一天一夜的旅途中还有很多资料要熟悉，站着也不是个办法，最终还是听从了列车长的安排。临近的两个卧铺不在一个车厢。于是一家人分成两队，妻子带着五一，袁隆平带着五二去另外一个车厢。

一坐定，袁隆平就赶紧拿出资料忙碌起来。五二缠着他讲故事，见父亲忙个不停，自觉没趣，只好一个人跑去玩了。

> 我的夫人在我最困难的时候给了我最大的安慰。
>
> ——袁隆平心语

小五二这一去，半天还不见回来。袁隆平一点儿也不着急，一心以为孩子去找他妈妈了。直到邓哲过来找五二，他才猛然发现，自己这个粗心的父亲竟然把孩子给弄丢了。

这可把他们急得团团转。一向沉着的袁隆平这下也慌了。还说带他们去北京玩，才出发不久就把人都给弄丢了。列车长闻讯赶来，马上到列车广播室广播了寻人启事，还即刻通知沿途车站是否有发现迷路的小朋友。

果不其然，五二“丢”在了娄底站的站台上。原来，他去找母亲时一不小心随着下车的人群走下了火车。袁隆平原本想狠批他一顿，结果看到满脸泪痕、又委屈又害怕的小五二，心里就被愧疚和心疼瞬间填满了。

这就是一家四口真正意义上的第一次旅行，这次经历令全家每个人都终生难忘。

生平第一次请假

1981年除夕，原本是袁隆平家最快乐的一个春节。因为，很多年没有在家过春节的袁隆平早就许诺哪儿都不去，要陪家人好好地过节。

没想到，欢喜的春节还没有结束，意外就发生了。

邓哲突发病毒性脑炎，一家人手忙脚乱地将她送进了怀化人民医院。还没安顿好邓哲，岳母邓妈妈也突发脑血栓，住进了黔阳县人民医院。这时，袁隆平的老母亲也患上重感冒，一病不起。

原本就不擅长打理家事的袁隆平顿时手忙脚乱。三个地方奔来跑去，喘口气的功夫都没有。很快，家里便史无前例地乱得一塌糊涂、无从下脚。袁隆平干脆也不收拾它了，反正越收拾越乱。

几个朋友闻讯赶来，对袁隆平家里杂乱的程度表示一番感慨后，吩咐他赶紧去怀化安心照顾妻子，两个老人和家事他们会帮忙料理。袁隆平这才长吁了一口气。正要出门，和匆匆忙忙赶来的尹奇华撞了个正着。他是来给老师送通知的。湖南省农业厅请袁隆平去长沙筹备全国杂交水稻研究协作年会。

一向对研究中心大事小事都不假思索的袁隆平，这会儿却沉吟了半晌。他顿了顿说："你给我去请个假吧，这么多年来，我从来没有为个人私事请过假。这是第一次，这几天我必须去照顾你师母。"

尹奇华看了看心事重重的老师，用力地点了点头，什么也没再问，就赶紧办事去了。

袁隆平马不停蹄地赶到医院，夜以继日地守着昏迷的妻子。一直到住院的第十天，邓哲才醒过来。跟着我这么多年，也许她是太累了，太需要好好休息了。看着这张一夜之间憔悴了许多的熟悉面孔，袁隆平心疼地猜度。

家中老母和年幼的孩子们全靠你（指邓哲）当家和照顾。我经常在想，有你这样一位贤德的妻子，这的确是我和全家的福气。希望你多保重自己的身体。

——袁隆平心语

守在病房里的日子，怕是俩人结婚这么多年来，朝夕相对最长的一段时间了。这些天来，袁隆平想了很多很多。妻子昏迷的那些日子里，时间似乎变慢了，每一小时都那么漫长。往事像黑白电影一样渐次在脑海里回放。

"邓哲知道搞水稻研究，季节很重要，不能够留下我过小家生活。她知道这个事业很重要，毫无怨言地支持我。我工作很忙，1/3的时间待在海南或湖南的实验稻田里，1/3的花时间用于国内外讲学和参加会议，剩下1/3的时间才待在家里。她独自承担起家庭的全部责任，没有让我分担困难……"

袁隆平并不太擅长照顾人，然而护士们都笑称他是最听话的家属。医生嘱咐要给病人一个小时翻一次身，要时常给病人捏一捏肩膀和颈部……袁隆平就像学写字的小学生一笔一画写家庭作业那般认真地一一照做着。他用这样朴素的方式，弥补着在奔忙事业时对妻子和家的疏忽。

住了一个月院后，在袁隆平悉心的照料下，邓哲奇迹般地康复了，几乎没有留下任何后遗症。几十年的相濡以沫，邓哲一直本能地习惯扮演去照顾和迁就的角色，这次病中袁隆平无微不至的关怀，让她心里无时不在滋长着欢喜和幸福。

这次住院风波，让两颗心贴得更紧了。

一路上有你

科学是没有国界的。杂交水稻研制成功后，袁隆平获得了许多国外颁发的荣誉。

1988年3月，英国让克基金会授予袁隆平“农学与营养”奖。让克基金会是英国声名显赫的民间基金组织，主要奖励在农学和光学领域做出卓越贡献的科学家。

> 邓哲知道搞水稻研究，季节很重要，不能够留下我过小家生活。她知道这个事业很重要，毫无怨言地支持我。……她独自承担起家庭的全部责任，没有让我分担困难。
>
> ——袁隆平心语

基金会的邀请书上写着，邀请袁隆平偕同夫人一同出席颁奖典礼。于是，袁隆平偕邓哲一起登上了前往英国伦敦的航班。

他决定带妻子好好地看一看陌生而繁华的伦敦城，还准备回国时折道香港和澳门，给妻子一个迟到二十年的蜜月旅行。年轻的时候没有好好照顾过她，现在只要有机会他总是带上妻子一同出行。他想用这样朴素的方式，表达对携手几十年、劳累半生的她的一片深情。

在飞机上，俩人兴奋地说起了很多很多。在水稻田间的初相识，当年埋首田间的苦和累，对即将到达的陌生国度的憧憬……

正聊得起劲，坐在袁隆平右边的一名英国男子十分有礼貌地问道：“您是袁隆平先生吗？”

“是呀，您是？”袁隆平含笑应允，好奇地问道。印象中他没有见过这位看上去颇有风度、彬彬有礼的英国绅士。

“您好，袁先生，我是英国驻中国科技参赞克莱曼，曾经听说过您的故事。最近，我们国家的让克基金会给您颁奖的事，我也有所听闻。所以，刚从聊天中，猜测您就是袁隆平先生……”克莱曼站起来，和袁隆平握手致意。

“真是无巧不成书呀。”袁隆平笑逐颜开地给克莱曼介绍自己的妻子。

“这是我的妻子劳拉，孩子杰克。”克莱曼一边引荐家人，一边眉飞色舞地用英语跟他们讲起了袁隆平的故事。这个科技参赞可真是一位故事高手，劳拉和杰克时而惊叹、时而屏息，听得入了迷。

被这个故事所吸引的不仅仅是他们俩，飞机上的许多外国游客也被打动了。他们纷纷站起来，向袁隆平挥手示意，还有人围了过来，想和传说中的“杂交水稻之父”合影留念。机舱里顿时热闹起来。

这时，机舱里想起了乘务员温柔而优雅的女声：

尊敬的各位乘客，我们很荣幸地通知大家，杰出的中国科学家袁隆平正乘坐我们的航班飞往伦敦。我们机组代表全体乘客向我们尊贵的客人表示热烈欢迎。请各位乘客回到座位上，系好安全带。我们机组将以最好的服务代表你们向袁隆平表达敬意，谢谢大家的合作。

有一个人我是要感恩的，那就是我的妻子邓哲。我和邓哲是患难之中的真感情，原是师生，后成夫妻。很长一段时间内，她叫我“袁老师”，我一直称她为“贤内助”。

——袁隆平心语

话音刚落，大家很配合地回到各自的位置上。

坐在窗边的邓哲看到大朵大朵的云从窗前飞过，耳朵里满是还在继续的兴奋议论声和热情致意声。她的眼眶突然湿润了。

她曾经看到他顶着烈日整天埋首田间，曾经陪着他在实验室里待到凌晨，曾经一路看着他怎样冒天下之大不韪选择一条曾被人预言没有出路的路……

在那些穷得揭不开锅的日子，在那些独自撑起两个家的时候，在可能许多女人会选择砸烂那些该死的盆钵的时候，她选择始终默默地站在他的身后。在那些最艰难的岁月、在他遇到几度濒临的迫害时，她是他的支柱和力量。

当云雾散去、苦尽甘来之时，她亦看到，远道而来的农民含泪握住他的手久久不肯离去，在美国受领“拯救饥饿奖”时几百名留学生将他高高抬起，他一次又一次斩获科学家的最高荣誉。

她也看到，功成名就的他总是骄傲地与人介绍自己——这是我的贤内助。

每每在这些时刻，当年所有的苦楚和咽下的泪瞬间轻如鸿毛。

天降大任于是人也，必先苦其心志……想到这儿，邓哲幸福地笑了。

爱就在每个细节里

1990年，全家从安江农校搬到了长沙。袁隆平和邓哲终于结束了牛郎织女的日子，生活终于日渐安逸起来。每天晚上，邓哲洗澡，只要两三分钟没听到流水的声音，袁隆平就会在外面大喊她的名字。邓哲觉得很奇怪，心想有什么事情不能等一下再说啊，没理他。没想到，袁先生喊得更大声了。她有点生气，“喊什么呀，洗个澡都不消停。”听到她出了声，袁隆平就不喊了。后来，邓哲才知道，袁先生是担心她煤气中毒。看着他憨厚的笑脸，她忍不住眼眶一热。爱，就在每个生活细节中。

袁隆平心中，有着朴素的信条：家庭生活美满，人生就很美满；家庭不幸，人生也不幸。

> 家庭生活美满，人生就很美满；家庭不幸，人生也不幸。
>
> ——袁隆平心语

也许是为了弥补年轻时没有好好照顾妻子的遗憾，现在，为了多一些时间陪伴家人，袁隆平几乎谢绝了所有的应酬。再忙再累，他都时常陪妻子去散步。过马路时，他总是紧紧地挽着老伴，生怕她有任何闪失。

如今，应邀出席各种国际国内的会议，袁隆平总会尽量带上妻子。如果没有机会去，他就会给妻子买一些礼物。

比起对妻子的大方，袁隆平对自己却很小气。他生怕妻子和助手给自己买很贵的衣服。坚持衣服一定要自己买。对于服装审美，他有自己的一套标准。西装一定要买两粒扣子的，他认为：“三粒四粒扣子的衣服不正宗，领带的颜色稍微鲜艳一点就好，太艳了，跟农民学者的身份不称。”他不讲究名牌，也不认识名牌，穿着合适、舒服，哪怕10块钱一件都行。

即便是采访上镜，他挑的也是几十块钱的衣服。

袁隆平自称散漫了一辈子。妻子除了管他抽烟外，其余什么事情都不干涉。无论如何，烟瘾上来了，总是要来几口的。最初，邓哲给他定了个“三、三、四”的规矩，即上午、下午各三根，晚上四根。抽10根哪过瘾啊？袁隆平想了一个法子应付这个规矩。他说，一天改抽20根，但每根只抽一半，总量还是10根。邓哲心里不同意，但又挑不出刺儿。没法，只得依他。

有时兴致来了，袁隆平拉小提琴，妻子弹电子琴，院子里飘扬着美妙的音乐声。在家里，每次吃水果，袁隆平都要细心地分给邓哲一半。邓哲说，现在他不在家，吃水果都不自在，这就叫“袁隆平效应”。银婚纪念日，袁隆平特意带妻子来到婚纱馆，换上洁白的婚纱，戴上亲手挑选的项链，弥补当年那场简陋婚礼对妻子的歉意。

> 家庭上最欣慰的是在我最为难的时候，我的爱人同情我，跟我站在一起，没跟我离婚。
>
> ——袁隆平心语

接受记者采访时，袁隆平不止一次说：“怕老婆是美德。”

他的妙语总是让现场掌声不断。

邓哲参加了农科院的老年艺术表演队，袁隆平比她还兴奋。只要有妻子参加的演出，他一定前去观看，在台下使劲儿加油鼓掌。偶尔，邓哲出门回家晚了，他就会到处去找人。逢人就问有没有看见邓哲，非要等到妻子出现他才觉得安心。

在孙女们眼中，爷爷也是她们最喜欢的“玩伴”。这个科学家爷爷可会玩了，还玩得很漂亮。有一次在水稻研究所举办的联欢会上，袁隆平不但演奏了小提琴，而且还带上两个小孙女即兴来了段踢踏舞。

提起袁隆平，邓哲脸上总是洋溢着幸福的笑容：

“能遇上他也是我这辈子的福气！家人喜欢什么，想要什么，他最清楚。孩子们爱吃的糖果，我穿的衣服鞋袜、演奏用的电子琴和曲谱，都是他买回来的。这些年，他爱这个家甚于我。”

“嫁给袁隆平是我的运气和福气，和这个‘乐天派’‘老顽童’生活在一起，我感到十分幸福！”

慈祥的严父

袁隆平很少在媒体面前渲染自己的家人。

“在对孩子的教育方面，我从不爱说教，不强求他们必须有大的作为。健康就好，有健康就有未来。”

这与他从小对孩子的教育理念有关。他告诉他们要有自己的方向，不能事事依赖。

袁隆平的三个儿子都是大学毕业。老二在抉择自己的人生方向时，就像当年的父亲一样“听从内心，学我所爱”，选择了学经济。而老大和老小从小受父亲耳濡目染，义无反顾地选择了农业，成了父亲的得力助手。

袁隆平在国内外的声名鹊起某种程度上改变了农业在中国孩子心中的地位。在尚且稚嫩的学生们心中，搞农业很苦而且面朝黄土背朝天，似乎是一项暗无天日的事业。而袁隆平的故事，让农学这颗种子在很多少年心中渐渐萌芽。甚至有在读的学生给袁隆平写信，表示受到他的鼓励，渴望从事农业。

1997年，中南农大一个女大学生来到中心找到袁隆平，表示要追随他从事水稻研究工作。袁隆平把头摇得像拨浪鼓。女孩子不适合干这一行，日晒雨淋的，太辛苦了。但是这个看似温婉的女孩是铁了心了，表示自己决心已定，绝不会轻易动摇。

> 在对孩子的教育方面，我从不爱说教，不强求他们必须有大的作为。
>
> ——袁隆平心语

袁隆平不禁有些动容，但是他深谙这条道路的艰苦，于是告诉她要签订下田之约，要下田五年。这条约定还是没有吓退段美娟。她就这样留了下来。

世界上总是充满美妙的巧合。令袁隆平意想不到的，不仅是这个女孩对农业的一腔热血，后来她还和五三在工作中情愫渐浓，成了自己的儿媳妇。

这段意外的姻缘，在国家杂交水稻工程技术研究中心传为美谈。大家和袁先生打趣，“您现在后悔对她定下这么狠的协议了吧？”

袁隆平正色道，早知道是我儿媳妇，协议还要定得更严厉一些，还要多下几年田呢。

旋即，他又开怀大笑，现在我当然也不能反悔当初对她订下的条件，说好下田实验五年就不得少于五年，当然，多多益善。

段美娟倒是很享受这份下田的工作。来到这儿，能从事自己梦想的事业，还收获了一段美满的爱情，可真是一举两得呀。

袁隆平名言

“她是学农的，她懂搞什么东西。她认识我这个事业很重要，也支持我，如果她不认识，你搞什么名堂，她就不会理解。”

——被问及夫妻关系稳定长久是否与在事业上有共同语言有关

“家中老母和年幼的孩子们全靠你当家和照顾。我经常在想，有你这样一位贤德的妻子，这的确是我和全家的福气。希望你多保重自己的身体。”

——写给妻子的信件

“虽然我没有在文中（学术论著）申明致谢我的妻子邓哲，但她也帮我做了不少工作。其实，她真的是对我帮助很大，所以后来我称她为‘贤内助’。”

“邓哲知道搞水稻研究，季节很重要，不能够留下我过小家生活。她知道这个事业很重要，毫无怨言地支持我。我工作很忙，1/3的时间待在海南或湖南的实验稻田里，1/3的花时间用于国内外讲学和参加会议，剩下1/3的时间才待在家里。她独自承担起家庭的全部责任，没有让我分担困难。”

“我也要感谢我的其他亲人对我的理解和支持。”

“她（三儿媳段美娟）说，有时候，我们也帮父亲做一些实验，他那么多获奖项目，我们都没有一个参与署名。老实说，我们应该为他争光，而不是沾光。”

“约法三章，不准赌钱，不准耍赖（输了就要钻桌子），不讲客气（彼此之间凭实力，不让牌）。”

——谈搓麻将的家规

“我从没有想过豪华的生活，对物质上的享受看得很淡，因为我没有时间和精力去想这些东西，在家里也从来不管钱。”

——谈金钱

“看到自己的画像，自己的塑像，我很不好意思。我要避开呀。毛主席说，人怕出名猪怕壮，这是对的。越有钱、名越大，越不自由。尼赫鲁在自传上说，他看到老百姓和他们的老婆孩子在一起，到处玩，很自由，他很羡慕。”

“有一个人我是要感恩的，那就是我的妻子邓哲。我和邓哲是患难之中的真感情，原是师生，后成夫妻。很长一段时间内，她叫我‘袁老师’，我一直称她为‘贤内助’。”

“前几年我和香港中文大学的辛世文教授见面时，我们互相介绍自己的夫人，他说：‘这是我的太太’，我就说：‘这是我的贤内助’。后来他太太就说：‘以后不能叫太太啊，要叫贤内助，贤内助比太太好’。”

“我和邓哲就是普通老百姓，家庭生活美满。家庭美满，人生就很美满；家庭不幸，人生也很不幸。”

“而在我事业最艰难、工作最困难的时候，邓哲却最坚定地支持我。”

“贤内助邓哲付出确实太多了。在70年代，我们很艰苦的时候，因为我一直在外面搞科研，家里的担子都由她挑起来。”

“小孩都是我的贤内助带的，二儿子出生才3天我就南下了。但我的贤内助也没有埋怨我。那个时候正是杂交水稻研究最关键的时候，如果拴在小家庭，事业就不会有成就。”

“我的夫人在我最困难的时候给了我最大的安慰。”

“我夫人很厚道，我和她就是普通老百姓。她现在64岁了，有一个习惯，电话铃响，就噔噔噔跑着去接，我说你着什么急呀，摔一跤就不值得了。她不像我，我身轻如燕，年轻时我打排球、游泳呀，她就不行了。她年轻时喜欢文艺活动，唱歌跳舞。现在她唱歌跳舞忙得不得了，因为个性好，大家喜欢和她在一起。”

“打麻将既是娱乐，又可利用业余时间加强感情沟通，相互聊聊思想和感兴趣的话题。”

“我喜欢过自由的生活。我把功名看得很淡，不摆架子，摆架子就不自由。我对家务不在行。”

“政治上欣慰的是1978年的科学大会，邓小平同志正式宣布，知识分子是工人阶级的组成部分，我那时非常高兴，我们知识分子，现在变成老大哥了。业务上我最欣慰的是杂交水稻的研究成功。家庭上最欣慰的是在我最为难的时候，我的爱人同情我，跟我站在一起，没跟我离婚。这是我最感欣慰的事情之一。”

——谈最欣慰的事

“在对孩子的教育方面，我从不爱说教，不强求他们必须有大的作为。健康就好，有健康就有未来。现在他们都长大成人了，他们要想上进，我就给他们创造条件。”

十三 谈科研创新

就像跳高，永远有新的高度在等着你

在水稻界这片充满奇迹的领域，袁隆平站在了世界的最前沿。

袁隆平的个人魅力和杂交水稻的神奇力量，为祖国赢得了卓越的国际声誉和潜在的巨大经济利益。

他并不满足既得成就。在袁隆平的字典里，没有终点这个词语。科技创新，他永远都在追寻新的高度。袁隆平转而向两系法的目标出发。

1995年8月，在湖南召开的杂交中稻现场会上，袁隆平宣布两系法已获基本成功。

至此，杂交水稻再一次成功地在人类育种史上写下浓墨重彩的一笔。

当超级稻之梦唱响全世界之时，中国杂交水稻中心选育的杂交稻在试种中，产量已超过国际水稻界普遍认定的单产理论极限。

在杂交水稻的培育获得令世界认可的高产之时，袁隆平又开始了新的旅程：将提高水稻的米质提上日程……

世界水稻界的圣地

1986年10月，世界首届杂交水稻国际学术讨论会在湖南杂交水稻研究中心召开，来自全世界20多个国家的水稻专家和学者们闻讯纷至沓来。不同语言、不同肤色的人们为了一个美好的梦想，聚集在长沙。这是有史以来，长沙历史上最隆重的国际会议之一。

袁隆平的个人魅力和杂交水稻的神奇力量，征服了中国，征服了全世界，为祖国、为湖南长沙赢得了卓越的国际声誉和潜在的巨大经济利益。

> 我是一个从小喜爱跳高运动的人，现在搞科研，也是像在跳高一样，跳过一个高度，又有新的高度在等着你。
>
> ——袁隆平心语

“科学是没有止境的。只有敢于探索、敢于创新，才能成果迭出，常创常新。”

在这次会议上，袁隆平做了压轴报告《杂交水稻研究与发展的现状》。报告中，袁隆平提到的一个新鲜概念令所有的与会者瞠目结舌。他大胆提出杂交水稻的未来发展方向——从三系到两系，最后到一系。

“我是一个从小喜爱跳高运动的人，现在搞科研，也是像在跳高一样，跳过一个高度，又有新的高度在等着你。”

袁隆平站在演讲台上用一贯从容的语气娓娓道来——

“这就意味着杂交水稻的杂种优势将被在稻谷中固定下来，所生产的商品本身就能做种子。种子的运用又回到了常规稻时代的简便，但是品质和产量却远远超过前期的任何一种杂交稻……”

袁隆平的发言余音未落，宴会厅就响起了雷鸣般的掌声。全场听众不约而同地起立，会场上空回荡着长时间的掌声。来自国外的许多学者不远万里，来到长沙，他们还沉浸在三系配套的惊奇中，袁隆平却早已从中跳出来，开始酝酿着新的前景。

国际水稻研究所所长斯瓦纳森博士感怀万千地对记者说：世界水稻由高秆变矮秆，是第一次绿色革命，杂交水稻的世界范围普及将带来全球的第二次绿色革命……袁隆平先生曾多次来到国际水稻研究所指导工作，我们非常感谢他的帮助。现在，我们更感谢他的新思想，它使杂交水稻的前景变得更加辉煌，魅力更加无穷。

国际水稻研究所中国联络员乌马里博士是个中国通。他也颇有感触地说，中国有句古话，叫上有天堂，下有苏杭，但对水稻工作者来说，则是上有天堂，下有长沙啊。杂交水稻中心在这里，这里就是世界水稻研究工作者的圣地。

科学技术发展的目的之一，便是使各种复杂的工艺变得越来越简便，腾出更多的资源，创造更杰出的文明。在水稻界这片充满奇迹的领域，袁隆平始终站在世界的最前沿。

打开两系法的大门

其时，袁隆平开始两系法培种的研究和实验已经默默地进行三年多了。他提出新的观点和理念，从来都来自大量烦琐艰苦的实践。

这时，湖北一位叫石明松的水稻专家一个偶然的发现点燃了袁隆平心中的星星之火。万物的生长都离不开太阳。许多植物的发育、成长、花期都取决于日照时间的长短。

> 任何事情，我认为不会有极限的。
>
> ——袁隆平心语

在照顾精心选育的一批雄性不育株时，石明松意外地发现，它们在夏天时（日照时间长）保持雄性不育，春秋时自动恢复为雄性可育。这个惊喜的发现，意味着这种独特的育种材料，能在夏天用来制种，低温的季节又可以进行自我繁殖。

“这不正为艰苦卓绝的两系法研究打开了一扇窗呀？”袁隆平无比兴奋地想。他当即决定，以后找到的所有两用光、敏核不育材料，通通在品种后面加S,以此纪念这位善于观察的农业科学家。最早被发现的这批材料，被命名为农垦58S。

袁隆平是当之无愧第一个揭开杂交水稻神秘面纱的人。在打开这扇神秘大门之后，他以敦厚而大气的个人魅力，感染着分布在祖国各地的农业科研者。他们在袁隆平研究成果的基础上，做了大量烦琐艰苦的实践工作。在这些实践中时有的惊喜发现，为袁隆平提供了许多新鲜的灵感，也为杂交水稻事业更上一层楼铺设了一个又一个扎实的台阶。

育种工作，需要海量的测交实验。而结局就像当年爱迪生寻找灯泡材料一样。每每及此，袁隆平总是感慨万千。想起当初在海南制种时，他毫不犹豫地将自己数十年心血培育出的宝贵育种材料分给来自四面八方的科研者时，有人笑话他傻，不知独享苦心耕耘后的丰盛果实。事实证明了袁隆平的高瞻远瞩。若不是他当初的慷慨无私，凭一人之力，也许今天的杂交水稻还只是一个艰涩的生词而已。

遇到大自然的陷阱

正当大家沉浸在两系法即将成功的喜悦中时，一场令所有人都始料不及的意外发生了。

1989年盛夏，低温对两系不育系育性影响很大。两系法研究遭到严重挫折。

——袁隆平心语

1989年夏天，长江中下游以南地区出现异常低温。在高温夏天原本应该雄性不育的种子，由于遇到低温，结果变成可育，直接导致了无法进行两系杂交制种。

绝大多数地区只好停止用此材料制种。只有广西某地不肯遵循科学规律，也不肯听从劝说，固执地认为温度变化对种子的影响是无稽之谈，于是贸然大量制种。第二年，这些种子播种了十万亩，造成了重大的损失。

这件事情在全国上下掀起轩然大波。顿时水稻界纷争四起。

有人惊呼两系法是杂交水稻的倒退。

有人下结论，说放弃两系法是最佳选择。

也有人呼吁，赶紧寻找新的材料……

袁隆平紧锁着眉头，走进书房，将所有的纷争关在了门外。他想起当年的长草不长谷风波。就像人类文明的进步一样，向前走的每一步，都源于深刻的历史变革。放弃？袁隆平的字典里没有这两个字。两系法的大田实践初现端倪，就将它扼杀在摇篮里，何其荒谬。

然而，如今遇到的难题与当年亦有相异之处。那时，只需对原有材料进行优化配组，将杂交优势转移到稻谷上来即可。而现在，理论上天衣无缝的两系法培育似乎掉进了大自然设下的一个陷阱。你总不能对每年夏天的气候进行优化配组呀。

气候变化，夏天，长江流域……袁隆平反复念叨着这几个词语。突然，他脑海中灵光一闪，有了主意。他在书房里翻找起来。翻箱倒柜半天，没有找到想要的资料，袁隆平直奔学校图书馆。

袁隆平收集了大量长江流域的气象资料。在这些浩瀚如山的资料里，他在那些艰涩难懂的气象术语中有了一个重大发现——长江流域夏天最低日平均气温从来没有低于24摄氏度。大自然的气候纵使千变万化，它始终遵循着一定的规律。

这个重要的发现证明，只要两系法材料的不育起点低于24摄氏度，就能保证安全制种。以多年与种子打交道的经验，袁隆平知道，要突破这一瓶颈，培育出迎合大自然口味的材料并不太难。

纷争依旧在继续。历史从来不缺少指手画脚的流言制造者。袁隆平没有过多的解释，也没有站出来辟谣。随它去吧，事实会澄清一切。这是他面对纷争时的一贯态度。

当某些人张罗着试图给两系法安插新的罪名时，袁隆平正争分夺秒地在试验田里忙碌着。他在全国不同地形、不同区域和不同气候的地方布置了许多实验点，进行了大量的转育试验。

> 科学研究最基本的特色，就是要创新，要不断地创新，不断向新的领域、新的高峰攀登，这才是科学研究的本色。
>
> ——袁隆平心语

两系法取得成功

在袁隆平的悉心指导下，1991年，罗孝和培育出了一个不育起点温度为23.3摄氏度的低温敏核不育系。事实证明，利用这种材料实现两系法制种指日可待。

试想，将一颗小小的种子培育成希冀的模样，你得使它的花穗在高温时雄性不育，低温时恢复可育，而且这不育起点温度还得刚刚好控制在24摄氏度以内……这听起来就令人头晕目眩的水稻童话，中国科学家竟然将它变成了现实。

袁隆平趁热打铁，将自己的经验写成了论文《选育水稻光、温敏核不育系的技术策略》。这篇论文成为水稻培育史上一个新的转折点，为水稻栽培提供了新的线索。

在袁隆平的号召下，全国各地都进行了大量的两系亚种杂交稻配组试验。在许多地方进行大面积试种之后，统计数据说明，两系法不仅简便易行，而且比以前的三系法稻谷产量至少增产5%以上。

> 科学是没有止境的。只有敢于探索、敢于创新，才能成果迭出，常创常新。
>
> ——袁隆平心语

1995年8月，袁隆平在湖南召开的杂交水稻现场会上宣布，两系法已获得基本成功。

至此，杂交水稻走出大自然的陷阱，再一次成功地在人类育种史上写下了浓墨重彩的一笔。

超级稻之梦

人类对粮食有着永无止境的追求。20世纪八九十年代，国际上掀起了培育超级稻的热潮。1989年，国际水稻研究育种室在纽约举行新闻发布会，正式宣布超级稻计划。

就在超级稻之梦唱响全世界之时，已走在水稻界前沿的中国却看似很安静。

其实，早在1985年，袁隆平就开始探索杂交稻的超高产之路。之所以没有提出超级稻计划，是因为袁隆平的性情所致。他一向是低调之人，在事情没有十足把握之前断然不会大放厥词。而且，他知道，以自己当时在国内水稻界的声誉，提出的研究课题和方向，一般都会予以批准。万一超级稻计划达不到预期实效，就会对资源造成极大的浪费。

所以，袁隆平决定暂时将这个雄伟的计划悄悄地埋在心里，埋在试验地里。他一如既往地默默奋战着。一年过去了，又一年过去了……

直到1997年，袁隆平写下《杂交水稻超高产育种》，宣布杂交水稻亩产已达到八百公斤左右，并精细地总结出超产稻的形态特征：叶片修长而细窄，叶脉凹而厚，冠层高、重心低，这种株叶形态不仅有利于植株充分进行光合作用，还能抗倒伏……看似言简意赅的一篇文章，基于大量的数据和无数次转育实验，蕴涵着以袁隆平为领头羊的中国农业科学家多年的辛劳。“杂交水稻蕴含着巨大的增产潜力，我的个性就是觉得不满足。”

这篇文章再次在国内外掀起轩然大波。此时国际水稻研究所的超级稻计划还未取得突破性进展。而小面积栽培的中国杂交高产稻实验样本亩产858公斤，米质达到国家二级优质米标准。1999年秋天，杂交水稻中心选育的超级杂交稻在云南的试种中，产量高达17吨每公顷，远远超过了国际水稻界普遍认定的每公顷15.9吨的水稻单产理论极限。

中国水稻界又一次成功地在世界上崭露头角。

在北京参加世界遗传大会时，袁隆平作了名为《中国超级杂交水稻研究的进展》的报告。

他用朴素的语言，阐述自己几十年来奋战在水稻田里的原始动力。他说，对于农业而言，遗传学的核心问题就是要培育新的品种，以提高粮食和经济作物的产量和品质，实现人类在人口不断增加的情况下养活自己的目标。现场掌声雷动，来自五十四个国家的农业学家和媒体记者再一次被这个淳朴的东方汉子深深地打动了。

> 我这个人水平不高，但是我有种认识，就是要不断地创新。
>
> ——袁隆平心语

美国《科学》杂志在报道这次大会时，对于袁隆平杂交水稻的育种动因给予了极大的评价。只有在具备高超的科学素养基础上，放眼世界、心怀天下，才真正称得上是一个卓越的人类科学家。

做一名“前卫”的科学家

在杂交水稻的培育获得令世界认可的高产之时，袁隆平清醒地意识道，要将提高水稻的米质提上日程。

国际上普遍存在优质米产量低的问题。世界上产量最高的杂交水稻却难以到达世界上最好的米质要求。优质米和产量高似乎成为一个悖论。所以，很多不缺粮食的国家，为了满足人们对高米质的要求，宁愿粮食产量低，也不肯大面提推广杂交水稻。闻名世界的泰国香米米质优良，口感颇佳，但是它的亩产量只有280公斤左右。土地资源丰富的国家，不会那么在乎每亩地的产量。

由此看来，杂交水稻造福全世界的根本制约问题就是米质问题。

虽然，袁隆平时常自嘲为泥腿子科学家，其实多年实践积累的深厚科学素养和对时代和科技进步始终保持的敏锐关注，让袁隆平在科研之路上做出的许多决策几乎能称得上是前卫的。

“我始终不满足，追求不断使水稻产量进一步再提高。因为从技术上讲，水稻的产量潜力还大得很，还可以大幅度提高其产量，应该说这是我面前的科学技术高峰吧。”

1986年，袁隆平参加意大利米兰国际无融合生殖学术会议时，获得灵感，回国后提出利用无融合生殖材料固定杂种优势，实现一系法远缘杂交育种的战略设想。国家科委将此研究列入了“863”高科技计划。全国掀起了一股水稻无融合生殖研究的热潮。

到20世纪90年代，美国、英国、日本等国水稻科研界相继开展有关研究。国际水稻研究所也把这项研究列为水稻研究新的前沿计划之一。袁隆平的育种理念对国际水稻界产生了巨大的影响。

而这一次，为了尽快培育出符合尖端标准的优质杂交水稻，袁隆平又一次提出一个在国内史无前例的概念，要开始研究分子生物工程技术。利用当前世界前沿的尖端分子技术，为杂交水稻优质之路保驾护航。

中心买不起动辄几千万的生物工程设备，袁隆平又不愿事事向国家伸手。正在这时，幸运之神向他伸出了橄榄枝。香港中文大学生物系有设备齐全的生物工程实验室。在耳闻袁隆平先生的研究进展后，生物系系主任辛世文主动向袁隆平表达了合作意愿。

> 我始终不满足，追求不断使水稻产量进一步再提高。因为从技术上讲，水稻的产量潜力还大得很，还可以大幅度提高其产量，应该说这是我面前的科学技术高峰吧。
>
> ——袁隆平心语

事实再一次证明了袁隆平的高瞻远瞩。短短几年时间，水稻研究的许多项目就取得了飞速的进展。

无私的点灯人

袁隆平亲自培养了不少博士和硕士。其中有一部分特别优秀的硕士，由他自己介绍到美国、澳大利亚等国攻读博士学位，学成后留在国外工作。有人同袁隆平说：“你送出去的人才都飞了，您可是白费心血了。”

袁隆平摇摇头，说：

> 你们不要短浅见识。中国杂交水稻事业的未来，需要大量超过袁隆平的人才。优秀人才的成长需要广阔的自由天地，让他们通通窝到我的手下来，受着我的思想束缚，而且我还无法给他们提供世界一流的研究条件，怎么能使他们个个成长为超过我的杰出学者呢？而让他们留在外面，可以无拘无束地接受广泛的学术熏陶，利用世界一流的科研条件，就可能很快地创造出超过我这个老师的科研成果，修炼成超越前辈的学术素养。一旦祖国有条件充分发挥他们的作用的时候，他们随时都会回来的。相反，如果他们回来而又无用武之地，那叫人家回来干什么呢？

除了引荐优秀的年轻人出国攻读博士学位，袁隆平还推荐了几百名国内外杂交水稻科技人员到国外大学和科研机构深造。目前，国内各年龄层的杂交水稻科研队伍已经形成梯队。派往国外的研究生没有一个改行，全都成为杂交水稻领域的佼佼者。

杂交水稻在中国几乎成为一个独立的学科。世界上其他国家没有任何一个粮食研究中心能望其项背。杂交水稻事业的兴起，吸引着许多高瞻远瞩的学者义无反顾地投身这一领域。

袁隆平名言

“科学是没有止境的。只有敢于探索、敢于创新，才能成果迭出，常创常新。”

“任何事情，我认为不会有极限的。”

“我这个人水平不高，但是我有种认识，就是要不断地创新。科学研究最基本的特色，就是要创新，要不断地创新，不断向新的领域、新的高峰攀登，这才是科学研究的本色。”

“我是一个从小喜爱跳高运动的人，现在搞科研，也是像在跳高一样，跳过一个高度，又有新的高度在等着你。要是不跳，早晚要落在后头；即使跳不过，也可为后人积累经验，个人的荣辱得失又算得了什么！”

“中国杂交水稻事业的未来，需要大量超过袁隆平的人才。优秀人才的成长需要广阔的自由天地，让他们都窝到我的手下来，受着我的思想束缚，怎么能超过我呢？”

“我的一个原则就是‘绝不以牺牲产量为代价来提高质量’。”

“我的个性就是总觉得不满足。”

——评价自己从事科研的风格

“如果要想更大的突破就需要创新，用以前没有用过的方法，想以前没有想过的思路。我们任重道远。”

“老骥伏枥，壮心不已。一系法超级稻肯定能成功，我还要为这个目标奋斗。”

“我在有生之年有两大愿望：第一个愿望是要把超级杂交水稻培育成功，并且应用在生产上；第二个愿望是把杂交水稻推向世界，造福于全人类。”

“1999年，我又做了一次梦。那时我们到云南去验收一块高产田里我们的品种。我们去的头一天，我就做了梦，这次不是一株水稻了，而是梦见一棵大树，哎呀，上面全部结的有花生米那么大的稻谷，那个树好大啊！树冠半径有30~40米，我好兴奋！这是我的梦想，是我追求的目标。我把这个梦给人说过，后来我们长沙市芙蓉区政府特制了湘绣画屏《禾下乘凉梦》赠送给我。”

“从某种意义上说，杂交水稻这个水稻王国里的新生雏鸟，已由洞庭湖的麻雀变换为太平洋的海鸥了，已经从中国‘飞’向世界，这正是我从事杂交水稻研究所希望获得的光明前景。”

“杂交水稻实际上已架设起一座对外发展的桥梁。透过杂交稻的纽带，可以增进中国人民和世界人民的友谊，以至世界人民对中国人民的认识及看法。这无疑大大加深了中国与世界各国的友谊，因此，国际友人称此举为‘杂交水稻外交’！”

“我今生最大的心愿是让杂交水稻更多地造福世界。我希望杂交稻不仅对建设中国的和谐社会做贡献，也希望为建立世界和平做贡献。我认为这应该是中国对世界的贡献。”

“我始终不满足，追求不断使水稻产量进一步再提高。因为从技术上讲，水稻的产量潜力还大得很，还可以大幅度提高其产量，应该说这是我面前的科学技术高峰吧。就像奥林匹克运动体育竞技不断突破世界纪录一样，攀登科技高峰对科技工作者有着永远的诱惑力，不断超越，包括超越自己，这是动力之一。另外一个动力呢，就是我们中国的现实情况，人口这么多，需求还在增长，这是外在的动力。国家需要粮食，世界需要粮食，世界上一半以上人口以水稻为主食啊。”

“有些人就是一到这个时候就功劳不少，生怕再前进一步对他的名利地位有损失，你把名利看淡一点，把事业看重一点，我认为这样的生活最有意思，追求这个有什么关系？”

——被问及万一达不到亩产九百公斤的目标怎么办

“现在我也常常召集助手们一起讨论，遇到困难就激发大家思考，这样才能在解决实际问题中增长知识和才干。”

“如果上帝保佑，身体还好的话，我想向1000公斤冲刺，到1000公斤，就够好的了……你看到那个1000公斤产量的稻穗没有，气势磅礴吧，我管它叫瀑布稻。在示范田，达到1000公斤，全国大面积普及后，打个八折，那也有800公斤呢。就叫‘老骥伏枥，志在千斤’吧，我还是很有志气的。”

十四 谈市场经济

要学会遵守市场规则

作为研究中心的领头人，筹集科研经费，对于一向对钱毫无概念的袁隆平来说，简直是一道比寻找雄性不育株还困难的大难题。

所幸的是，在杂交水稻的发展历程中，获得了政府的大量支持。

从为写资金申请报告万分难为情，到主动整合资源，给中心的资金短缺问题寻求缓解途径……经历了一个漫长的过程。

从无私无偿地为其他国家提供杂交水稻技术支持，到坦然与其谈起我国的技术出口政策……袁隆平也渐渐开始学会遵守市场经济的规则。

一波三折地讨钱

截至1991年，湖南杂交水稻研究中心发展到了139人。随着杂交水稻事业的蓬勃发展，政府的拨款已经远远不能满足科研需要。

当时，中国对农业科研的投资少得可怜，还不到农业总产值的0.1%。作为研究中心的领头人，筹集科研经费，对于一向对钱毫无概念的袁隆平来说，简直是一道比寻找雄性不育株还困难的大难题。

袁隆平骨子里始终有着知识分子的清高。让他觍着脸，找人索取经费，纵使这钱是为了研究中心，于已私利毫无瓜葛，他照样做不到。

我从没想过要当什么富翁，我所想的是谁种杂交水稻我都欢迎，而且杂交水稻的推广面积越大越好。

——袁隆平心语

1989年，江泽民总书记和李鹏总理在中南海接见袁隆平。在友好的交流氛围中，李鹏总理主动问起了袁隆平有没有什么困难。袁隆平竟然硬着头皮说，请总理放心，没有困难……

回到湖南，与省领导聊起此事，大家都顿足惋惜，笑骂袁先生原来是个“书呆子”。

就是这个“书呆子”，以他的个人魅力一次次吸引了中央领导人前来视察杂交水稻研究中心。3月16日，江泽民总书记再次来到研究中心。

这次您一定不能再放过机会了。当总书记的车徐徐停下，所有人充满鼓励的眼神都聚焦在袁隆平身上。袁隆平觉得自己几乎要被烤焦了。他挠了挠脑袋，直到总书记下车还没有想到一句最恰当的台词。

倒是总书记热情地招呼道，“老袁，别太客气了，我们是老朋友啊。”大家都笑了起来。走进杂交水稻发展陈列室，谈起熟悉的水稻，袁隆平这才滔滔不绝起来。从三系到一系的发展历史，总书记听得津津有味。

自始至终，袁隆平的重点都在阐述杂交水稻上，丝毫没有一点要“转折”到经费上来的意思。很快，参观就要结束了，总书记感慨道，“我看了你们研究中心的杂交水稻，就看到了农业的希望。中国耕地少，单产增加10%,就相当于增加了10%的耕地面积，科技兴农潜力很大。”

总书记这可是在赞扬杂交水稻啊。多好的机会。大家拼命地朝袁隆平使眼色。袁隆平憨厚地笑着，似乎什么都没有看到。

最后，大家一起走出院子送别总书记。这会儿他总该说了吧。大家都在手心攥了一把汗。谁知道，眼睁睁地看着总书记的车越行越远，袁隆平始终没有提及经费的事。

大家捶胸顿足地叹息着，问袁隆平为何又一次错失良机。

袁隆平也叹了一口气说，“我一直等他问我有什么困难，谁知道这一次竟然没有问！”

顿时，院子里被这个看似合情合理的解释雷翻一大片……

然而，真是山穷水复疑无路，柳暗花明又一村，1994年12月16日，李鹏总理又要来了。

意外的好消息

这一次可不能再重蹈覆辙了。听闻消息后，研究中心的几个负责同志赶紧找到袁隆平，商讨“讨钱事宜”。

袁隆平依旧一脸无可奈何的样子，表示不好意思开口索取经费。大家三番上阵，悉心说服，然收效甚微。这时，研究中心常务副主任谢长江有了一个主意，“要不我们报一个项目吧，这样就可以名正言顺地申请经费了。”

> 抓鸡要投米，钓鱼要鱼食。
>
> ——袁隆平心语

“这个主意不错。”袁隆平想了想说。“当初，斯瓦米纳森博士表示希望我们办一个国际中心。我们可以申请在湖南杂交水稻研究中心的基础上，成立一个国家杂交水稻工程技术研究中心。”

大家都拍手称好。成立国家级的杂交水稻工程技术研究中心，这既是大势所趋，也有利于杂交水稻事业的发展，某种程度还能带动湖南的农业，真是一举三得呀。

申请多少钱呢？大家商讨了一番，决定向总理申请一千万，省里拿五百万，银行低息贷款五百万。

第二天，李鹏总理来了。在座谈会上，听了袁隆平的工作汇报后，幽默地说，“杂交水稻是不是好比马跟驴子交配生出骡子，骡子是杂交一代，没有生育能力？”

大家都笑了，会议室沉浸在一片和谐友好的氛围中。袁隆平正鼓足勇气，准备将报告交给总理，总理却主动说：“你有什么困难可以提出来，在条件许可的范围内，我一定帮助解决。”

袁隆平顿时喜出望外，“要使杂交水稻研究取得应有的进展，必须扩充设备和增加基础设施，单靠湖南省的财力是难以应付的。因此，我建议成立一个国家杂交水稻工程技术研究中心……”袁隆平一边说着，一边递交上了早就准备好的申请报告。

> 财富多了是好事，但要合理使用，否则就是沉重的负担。
>
> ——袁隆平心语

总理非常爽快地一口允诺，并毫不犹豫地在报告上签字表示同意。见总理如此爽快，在场的湖南省领导也表示大力支持。

视察结束后，整个研究中心喜气洋洋，比过节还热闹。后来，大家才知道，李鹏来湖南之前就和随行的财政部领导商量过，如果袁隆平提出申请经费，以控制在三千万之内为宜。没想到袁隆平竟然在报告上只申请一千万，比预计拨款少了三分之二，总理当然一口应诺。

得知这个消息，大家又好一番捶胸顿足。早知道就多申请一点嘛。倒是袁隆平哼着小曲儿，心情好得很。“能申请到这么多钱就不错啦。”他眉开眼笑地说。

当时大多数科研机构都很缺乏经费，能不费周折地申请到一千万，袁隆平打从心眼里觉得幸运和满足。

一盆萝卜的恩情

袁隆平曾教过一个学生，叫全永明。在大饥荒的年代，袁隆平和同事在宿舍煮自己种的萝卜时，那个闯进来一口气吃了一大锅萝卜、令一屋子人目瞪口呆的学生，就是他。袁隆平始终没有忘记这一幕，正是这个看似不经意的场景，当时让他更加坚定了一定要为告别饥饿而奋斗终生的信念。

和他一样忘记不了这盆萝卜的还有一个人，那就是全永明。几十年以后，在称得上丰衣足食的年代，这一盆萝卜的恩情，让他颇为意外地成为了袁隆平身边强劲有力的事业臂膀。

虽然袁隆平所在的研究所在全国上下都赫赫有名，但是科研经费的入不敷出，让这个看似缀着光环的科研所其实穷得叮当响。大多数技术人员的工资都很低。与其说这份微薄的工资，不如说是内心的理想在支撑着这群工作量繁重的科研者。

然而，在强大的现实面前，也有人动摇了。乘着市场经济的热潮，有人悄悄地做起了种子买卖的生意。袁隆平看在眼里，痛在心里。然而，只要是在认真细致完成科研任务的前提下，他从不予以当众指责。善良的袁隆平知道，他们也是出于无奈。倘若有富足的生活，谁愿意打着科研的名号做出卖种子的营生呢。

渐渐地，这些实际上的个人行为还是带来了一些不良的影响。大家都建议中心成立自己的经营机构，既整合资源，也能给中心的资金短缺问题寻求到缓解途径。

> 虽然时下潮流中有向钱看的倾向，也有人总想往大城市跑，想升官发财，想下海做生意等等。人各有志嘛，不能强求。
>
> ——袁隆平心语

可是，这些天天泡在田间和实验室的科技工作者，哪懂得什么市场化运营企业化管理。公司一成立，就不断亏损。天天有人诉苦、有人告状，袁隆平头大得很。他清楚地知道，别说没时间管，就算有闲暇，这也不是自己擅长的领域。这可比杂交水稻研究困难得多呀。袁隆平很是苦恼。

正在他为此焦头烂额之时，有人跟他说起他当年的学生全永明。他现在安江农校担任校长一职，将学校管理得蒸蒸日上。现在，农校都已经升为全国重点中专。而且，全永明还有过当区长、副县长的经验。有如此丰富的管理经历，凭着袁隆平对自己曾经学生的了解，他直觉这是个不错的人选。

袁隆平找到了全永明。虽然多年不见，两人却相谈甚欢。聊起在安江农校的日子，还有多年前的那盘萝卜，往事历历在目，仿佛是昨天才发生过。

听老师说起中心与蒸蒸日上的育种事业极不协调的窘迫市场经营，全永明当机立断，即刻拍板决定要留在老师身边尽己之力。如此顺利地找到合适人选，袁隆平自是喜出望外。

听说全校长要调离学校，安江农校的老师们可急了。在农校期间，全永明将学校经营得红红火火，谁都舍不得他走。100多号人写了一封联名信给袁隆平，委婉地恳求不要调走他们的校长。

袁隆平这可为难了。在农校留下了他青春年代的许多美好记忆，他何尝对这所学校没有感情呢。思忖片刻，他选择把决定权交给全永明。全永明想了想说，我离开农校，会有更好的人选顶替我，但是能留在老师身边工作，是学生的荣幸。

> 钱是要有的，要生活，要生存，没有钱，饭都吃不上，是不能生存的。
>
> ——袁隆平心语

1996年，调到杂交水稻研究中心后，全永明对中心的市场经营开展了大刀阔斧的改革，当年就盈利95万元，截至2000年已经超过了2000万。

你曾经播下的种子，总有一天会开出繁茂的花。袁隆平为人师表时，爱生如子，对他们倾注了全部的心血。在他尔后的生命历程中，每次走入困境，正是这些师恩难忘的曾经少年一次次毫不犹豫地站出来，和老师携手同行，一次又一次力挽狂澜。

遵守市场规则

1992年7月，作为联合国粮农组织的首席顾问，袁隆平应约来到印度新德里做学术报告。在报告后的座谈会中，斯瓦米纳博士向袁隆平提出了心中的疑问。

他说，袁先生，感谢您无私为我们传授了宝贵的杂交水稻育种技术，但是我们的农学家从大自然中寻找天然的材料太艰难了，您为什么不送一些基础材料给我们？

袁隆平略作思索，笑着回答道，这个问题涉及我国的技术出口政策，三系杂交水稻技术和育种材料都是允许出口的，但目前还不允许无偿提供。因此，希望您介绍贵国有兴趣的企业，到我们研究中心去商谈，在双方认为条件适宜的情况下，是可以成交的。

斯瓦米纳博士这才点头称是，表示理解。

与人讨价还价哪是袁隆平的风格呀。他曾经认为应该让杂交水稻造福全世界，索取资料、索要材料的他一概来者不拒。能说出这番话，可算是经过市场经济的洗礼了。

就像当年在杂交水稻至关重要的攻关阶段，袁隆平慷慨无私地将自己呕心沥血培育的幼苗分给来自全国的科研者一样，袁隆平不仅渴望让中国告别饥饿，亦始终以让全人类告别饥饿为使命。

杂交水稻享誉世界之后，面对世界各地纷沓而来、求知若渴的科研者，袁隆平总是无私地与他们分享自己奋战数十年积累的经验。他还数次答应斯瓦米纳博士等一见如故的老朋友，要给他们送育种材料。

他始料不及的是，在他看来天经地义的一件事情，国家有关部门的回应竟然是要严格控制杂交水稻基础材料出口。

也就是在这一刻，袁隆平顿时恍然大悟。让杂交水稻造福全世界，是一个美好的梦想，但是要实现这个梦想，有比直接送材料更好的途径呀。

“我是一个完全没有商业头脑的人。现在，国家提出了‘种子外交’，把杂交稻作为一个援外项目，我觉得是个双赢。我们通过无偿支援杂交技术，为解决世界的粮食问题做出我们的贡献，帮助当地免于饥饿。”

向国外有经济实力和科研经验的企业有偿提供杂交水稻技术和育种材料，不仅维护了祖国的权益，而且让这项宝贵的技术和材料真正落到有能力进行培育和传播的人手中——这何尝不是让杂交水稻造福全人类的更佳途径呢。

袁隆平拍了拍自己的脑袋，为曾经善意的天真而懊恼。就是这个小小的插曲，让曾经一度游离在体制之外的他，第一次意识到要遵守市场潜规则的重要性。

> 我是一个完全没有商业头脑的人。现在，国家提出了“种子外交”，把杂交稻作为一个援外项目，我觉得是个双赢。我们通过无偿支援杂交技术，为解决世界的粮食问题做出我们的贡献，帮助当地免于饥饿。
>
> ——袁隆平心语

袁隆平是何其聪明之人。从这以后，在与国际友人交往时，就如对斯瓦米纳博士的那一番解释一样，他依旧慨然大度、谦和近人，但再也不会矜于拒绝、以谈钱为耻。他不卑不亢的态度、睿智幽默的谈吐、卓尔不凡的才华……曾一度成为国外媒体津津乐道的话题。

用分子技术为水稻服务

20世纪末的中国，很多科研机构都面临着经费问题。所以，虽然袁隆平在国内外水稻领域都获得了当之无愧的领先地位，但是中国杂交水稻研究所的物质条件依旧称得上有点窘迫。

在超级稻之梦向人类敞开大门之时，要使水稻培育获得突破性的进展，袁隆平提出要利用尖端高科技，从生物分子层面开展实验。

> 世界上我跑过好多地方好多大城市，从来没心动过。
>
> ——袁隆平心语

“研究水平越高，对设备、仪器、人员各方面的要求也越高。现在进入分子水平了，很多东西我们不能靠那些老仪器在那里搞，我们把实验室武装一下，现代化一下，就可以吸引人才。”

而建立一个生物分子实验室至少需要4000万。研究所的同事对袁隆平“循循善诱”，希望他能向国家申请这笔经费。

经过深思熟虑之后，袁隆平决定暂缓建立分子实验室的计划。4000万，无疑是一笔巨款。中国的许多科研机构普遍都缺乏经费，杂交水稻中心相对而言还算比较宽松了，几乎每一次申报课题经费都很顺利。

如果所有的科研中心考虑问题都只从自己的角度出发，这些亟待解决的问题将更加复杂。何况，现在建立分子实验室也不算迫在眉睫之事。我可以利用自己的国际声誉，送学生到国外，利用先进的生物分子设备开展研究呀。深明大义的袁隆平不愿意给国家增添过重的负担。

这一次，他依旧只在申请报告上写了一千万。时任国务院总理的朱镕基在报告上做出重要批示——国务院全力支持这个研究。袁隆平的经费申请再一次一路绿灯，顺利获得通过。

虽然，在表面上袁隆平已经学会遵照市场规则，但他依旧会时常做一些“看似违背市场规律”的决定。

杂交水稻中心的经费来源，除了国家拨款，还有出售原种的微薄收入。有一年，在给不育系原种定价时，原则上最少可以卖20元一斤，请袁隆平定夺时，他毫不犹豫地表示，只允许卖9块钱一斤。他神色肃然地说，我们得让利给农民，中国的农民苦啊，定价高了人家买不起，种子的成本高了，种田的收入就得下降。光就是定价这一项，中心就少了22万元的利润。

管市场经营的同志辩驳说，原种定价低，经过中间商的转手之后，不一定到农民的手里价格还会这么低。袁隆平挥了挥手，表示这事儿没有商量余地。结果，这一年的种子最后到农民手里是26元一斤。原来，这是国家政策的最高限价。市场经济有自己的规律，现实决定了中心不可能自己向每家每户的农民去零售种子，必须通过中间商。中间商层层加价，中心的价格订的价格再低，让出来的利润也到不了农民的手里。

市场经济有其重大的优越性，但是从某些角度来看它又是冷漠的。

袁隆平名言

“我从没想过要当什么富翁，我所想的是谁种杂交水稻我都欢迎，而且杂交水稻的推广面积越大越好。”

“当然愁，最愁的就是这个，经费，这是永恒的主题。水稻育种技术已经进入了分子研究的阶段，有些机器是很花钱的。”

——被记者问及身价千亿是否还会为经费问题而发愁

“说老实话，用我的名字搞‘隆平高科’是做了我不少工作的，袁隆平今天涨了三分，明天跌了三分，多难听呀。但‘抓鸡要投米，钓鱼要鱼食’。举个例子，我们在缅甸做了实验，增产幅度很大，花了50万。第二年要做十个实验点，我们没有钱。外国人说他们投资，但要赚大头。品种、技术、人才都是我们的，划不来。再说，有了个隆平高科，每年的科研经费有了保障，我也能安心了。”

“财富多了是好事，但要合理使用，否则就是沉重的负担。”

“虽然时下潮流中有向钱看的倾向，也有人总想往大城市跑，想升官发财，想下海做生意等等。人各有志嘛，不能强求。”

“有个权威的评估机构评估说我的身价是1008个亿，要那么多钱做什么？那是个大包袱。我觉得我现在生活很好，我不愁生活，工资足够用，房子也不错。要吃要穿都够，吃多了还会得肥胖症；衣服对我来说感觉都一样，高档的不会说穿上就舒服些。我也从来不喜欢讲究高档的服饰，什么鳄鱼皮的皮带，2000多元钱，我不要。讲那些派头做什么？你搞豪华奢侈有什么意思？我不讲究名牌，也不认识名牌。”

“人身上最值钱的东西，是脑袋里的知识！我这么个糟老头子，才1.69米高，60公斤重，连骨头卖了都值不了几个钱。”

——谈及当亿万富翁有什么感觉

“钱是要有的，要生活，要生存，没有钱，饭都吃不上，是不能生存的。但钱够一般日常生活开销，再小有积蓄就行了，对钱不能看得太重。”

“我不愿当官，‘隆平高科’让我兼董事长，我嫌麻烦，不当。我不是做生意的人，又不懂搞经济，对股票也不感兴趣。我平生最大的兴趣在于杂交水稻研究，我不干行政职务就是为了潜心研究。搞农业是我的职业，离开了农田我就无所事事，那才麻烦了。有些人退休之后就有失落感，如果我不能下田了我就会有失落感，那我做什么呢？我现在还下田。不过现在下田条件好了，是开汽车下田。过去走路，后来骑自行车，再后来骑摩托车，现在提高了，我可以开着小汽车下田了。”

“搞科研不要有门户之见，要充分激发科研人员更好地释放自主创新能力。我认为在培养青年人才、鼓励创新上，应采用更有力度的激励机制。”

“我是一个完全没有商业头脑的人。现在，国家提出了‘种子外交’，把杂交稻作为一个援外项目，我觉得是个双赢。我们通过无偿支援杂交技术，为解决世界的粮食问题做出我们的贡献，帮助当地免于饥饿。”

——谈如何面对目标与知识产权的矛盾

“我从来不管这个事。我只是名誉董事长，上市公司的事儿我完全没有介入。我哪有精力去搞这些？水稻和股票完全是两码子事儿。”

——谈是否关心隆平高科的股价

十五 谈风波流言

乌云遮不住太阳，事实会澄清一切

面对流言风波，袁隆平很淡然。

申报中科院院士，却意外落选。袁隆平淡然置之："我搞的是应用科学，中国科学院搞的是基础研究，如果按这个来评，我不合格。"

1992年，一些媒体上出现了对杂交水稻的质疑，说杂交稻是"三不稻"——米不养人、糠不养猪、草不养牛，袁隆平一封短短的署名信，就让造谣者销声匿迹。

当"谁来养活中国"的惊呼响起时，袁隆平的辩驳冷静客观，而又充满力量。

玉米稻风波中，袁隆平毅然站出来及时制止了一场灾难性的事故……

谣言止于智者。袁隆平始终相信，乌云遮不住太阳，事实会澄清一切。

院士评选风波

随着东方魔稻的美誉在全世界传播，它的创造者袁隆平亦随之声名鹊起。不管是从科研理论领域，还是在实际应用产生的经济价值来看，袁隆平的成就都令世界瞩目。

1991年，湖南省人民政府首推举袁隆平为中国科学院院士。就在所有人都顺理成章地认为结果没有任何悬念之时，从北京传来一个令人瞠目结舌的消息——袁隆平在院士评选中被刷下来了。

> 如何看待当选院士，对我个人而言，实际上是如何对待荣誉的问题。我没管这么多，我只管自己搞研究，我把能出研究成果，为粮食安全做出贡献，当作对我最大的肯定，也是我最大的安慰！
>
> ——袁隆平心语

第二年、第三年……湖南省人民政府决定为袁隆平的这个“名分”奋争到底，每一年都将他写在推举单的第一个。一直到1994年，始终都没有通过院士评选。

届时，袁隆平数十年心血培育的杂交水稻已经在中华大地上广泛播种，许多国家也纷沓而来，渴望引进神奇的东方魔稻。杂交水稻的潜在巨大经济价值以及其国际影响力，不可估量。这样一个让世界水稻界为之低头的杰出科学家，竟然落选了！

这样的结果，让一向视名利若浮云的袁隆平也有一丝愕然。

然而，不管谁问起此事，他只是摇头不语。随它去吧。得之我幸，不得亦无所谓。

袁隆平没有知名大学的文凭。他怎么能有出国留洋镀金的经历嘛。他甚至没有师从任何一个世界知名的导师。水稻谁都会种，没什么了不起的。他只不过是一名不起眼的中专教师。他竟然打麻将，输了还钻桌子，太不符合学者身份了……

当这些流言飘到袁隆平耳边时，他一笑置之。袁隆平很淡然：“如何看待当选院士，对我个人而言，实际上是如何对待荣誉的问题。我没管这么多，我只管自己搞研究，我把能出研究成果，为粮食安全做出贡献，当作对我最大的肯定，也是我最大的安慰！”

为了对兢兢业业几十年的袁隆平表示敬重，1992年9月15日，湖南省人民政府特意授予袁隆平“功勋科学家”的荣誉称号，并举行了隆重的授奖仪式。

袁隆平先生竟然没有评上院士的消息不胫而走，越来越多的人为他受到的不公待遇表示义愤填膺。有人感慨，袁先生院士落选，甚至比他顺利当选会引起更大的舆论震动。人民群众的眼睛是雪亮的。袁隆平的成就大家有目共睹。

1995年，为了表示对此事件的极大义愤，中国科学技术协会、中国资源委员会、中国农学会、中国作物学会一齐举荐袁隆平参评院士。这年夏天，一纸迟到数年的获选通知终于到来。

评上院士，只不过是工资涨了一点，而我还是从前的我，并没有因评上院士而与从前有什么不同。

——袁隆平心语

“三不稻”闹剧

1992年，在一些媒体上又开始出现了对杂交水稻的质疑，说杂交稻是“三不稻”——米不养人、糠不养猪、草不养牛。当时的中国，已经走出了饥荒的阴影。实现温饱的人们开始对米质提出了更高的要求。

杂交水稻的部分品种的米质确实有待提高。但是，在当时的中国，提高粮食产量依旧重要。中国人口密度大，并不能与美国和泰国等土地资源丰富的国家相比。畅销的高质米产量低，这是一个世界公认的事实。稍微了解国情的人都知道，中国暂时肯定不能走低产高质的路子。“新事物的成长总是要经过斗争的。”消息传到了袁隆平耳中。他什么都没有说，依旧保持一如既往对流言的沉默。让事实澄清一切吧，他想。

直到后来，一些颇具忧患意识的领导来访，善意地提醒道，现在，社会上有一小撮媒体和官员对杂交水稻的抵触和毁谤，让不明真相的群众陷入极大的迷茫。如果没有身在其中的科学家做出有力度的澄清，在某种程度上也许会影响杂交水稻的声誉和前途。面对这些善意的提醒，袁隆平陷入了沉思。他将自己在书房关了一个晚上，做出了一个重大的决定：迎着锋芒站出来，用笔当作匕首，划开某些别有用心人的面纱。

他给《人民日报》写了一封署名信。他清楚地知道这份决定意味着什么。如果这封信的力量不足以力挽狂澜，它就无异于引火自焚——将含沙射影的造谣者所有的矛头引向了自己。袁隆平始终以最善意的猜测去看待这个世界，他始终认为人民群众是善良的，是和自己一样相信科学的力量的。他决定赌一把。

> 我坚信，乌云遮不住太阳。
>
> ——袁隆平心语

在信中，他写道：

编辑同志：

最近社会上流传杂交水稻米质太差，有人贬杂交稻为“三不稻”，说什么“米不养人，糠不养猪，草不养牛”。果真是这样吗？我想用事实来回答。

我国是世界上第一个在生产上利用水稻杂种优势的国家，杂交稻比一般水稻每亩增长100公斤左右。1976—1991年间全国累计种杂交稻19亿多亩，增产粮食近2000亿公斤。由此可见，杂交水稻的推广，对解决我国11亿人口的温饱问题发生了极其重要的作用。

目前，全国种植面积最大、产量最高的一个水稻良种叫“籼优63”，它是杂交稻。近几年的年种植面积都超过亿亩，平均亩产稳定在500公斤左右，不仅产量高，而且品质好，被评为全国优质籼稻米。的确，在我国南方生产的稻谷中，有相当一部分米质较差，这主要是双季早稻。目前挤压的稻谷以及历年来粮店出售的大米，大多数为这种早籼稻。据统计，1991年长江中下游各省市杂交早稻面积为2085万亩，只占双季早稻总面积的23%(前几年的面积更少）。双季晚稻和一季中稻，一般品质较好，粮店偶尔出售这种稻米时，则出现排长队争购的现象。而杂交稻就占双季晚稻和中稻80%左右，产量占90%以上。因此，说杂交稻属劣质米与事实不符。

其实，杂交稻、常规稻与任何其他作物一样，品种不同，产量和品质也会有差别，有的甚至很悬殊。一般地说，大多数杂交稻品种的米质属于中等，其中也有个别品种米质较差，但绝不能以个别品种的优劣来概括一切。

1991年12月，广东韶光市农业局召开了一次稻米品质鉴定会，邀请有关领导和专家80多人参加，参鉴品种共6个，其中两个进口优质米，两个广东的名牌优质米，两个杂交稻品种，采取编号保密和无记名打分投票方式进行鉴定。结果，名列榜首的是产量很高的杂交稻新品种“香优63”。这个事实生动地说明，杂交稻既能高产又能优质，具有诱人的发展前景，绝对不是什么“三不稻”。

湖南杂交水稻研究中心研究员 袁隆平

《人民日报》以《杂交水稻既能高产又能优质》为标题，将袁隆平的来信在第二版显要位置刊登。这封信掀起了轩然大波。人民群众的矛头倒向了唯恐不乱的造谣者。他们企图负隅顽抗，但是这场闹剧已经失去了所有的观众。很快，这个战败的阴谋者就灰溜溜地销声匿迹了。

玉米稻风波

所谓的“三不稻”闹剧刚刚落幕，又闹出了一场玉米稻风波。1992年，湖南农学院利用遗传工程技术，成功地将玉米基因片段导入了水稻之中。这种水稻的外形具有一些玉米的性状。研究完成后，农学院邀请十余名国内的水稻界专家进行鉴定，当时袁隆平也在其中。大家一致认为，这是一个很有创意的想法，为水稻培育提供了一个新的线索。

> 一个人倘若争取事业的成功，必须懂得宽容大度。
>
> ——袁隆平心语

当然，业内人都知道这只是一个单纯的学术鉴定而已，这个简单的鉴定会只是肯定了这个新品种的创意，并不意味着玉米稻可以大量投入实践生产。当初，杂交水稻投入制种生产之前，是进行了极其繁复和细致的专业试验和审定的。

然而，有些好大喜功的人将专家对玉米稻的鉴定结果大肆宣扬。消息传到省委领导那儿，受到了高度赞誉，并号召各市县到湖南农科院去买种子，要大面积播种这种“神奇的玉米稻”。

文件下发到各县市，许多地方领导都跑来咨询袁隆平，这个陌生的品种是否适宜大面积播种。袁隆平和来访者见面后，大吃一惊。玉米稻虽然颇具创新意识，但是远远还没有达到投入大田生产的阶段。如此贸然地大量推广，极可能给农民造成巨大的损失。

袁隆平一边耐心地向来访者解释，一边奋笔疾书，写下了《对大面积推广玉米稻要持慎重态度》一文：

> 有些省份甚至一个院士都没有，但并不能说明他们就没有科技成果。
>
> ——袁隆平心语

湖南农学院用幼芽浸泡法将玉米的DNA片段成功地倒入了水稻，育成具有某些玉米特征的玉米稻，取名遗传工程稻。这种玉米稻具有类似C4植物的高光效特点，主要表现在穗大粒多，结实率很高和籽粒饱满充实。因此，玉米稻的育成是科研上的一次重要突破，为水稻育种提供了极其宝贵的新资源。

但是，玉米稻也存在较大的缺点，主要是株叶形态不好，植株松散，叶片宽长而披，不仅造成了田间的通风透风条件不良，降低群体的光合效率，而且还严重限制了有效穗数的提高，所以，它的实际产量并不高。我省1993年区试结果，玉米稻的产量在6个点里有5个点居末位，一个点倒数第二位；晚稻区试也名列倒数第二；在我院试种的0.8亩玉米稻，亩产仅300公斤。基于此，我认为目前要把玉米稻推向大面积生产还为时过早，必须对它做进一步改良。

近来，全省各地来人来函反映，1994年要大面积推广玉米稻的劲头很大，来势很猛。为此，我郑重建议对此要持慎重态度，应严格按照推广农作物新品种的科学程序办事，绝不能急于求成；一定要先行小面积试种示范，待确证在当地能获得高产后，再大面积推广，以免给我省粮食生产和广大农民带来巨大损失。

湖南农学院研究员　袁隆平

1993年12月30日

写完以后，袁隆平赶紧请当时负责常务工作的谢长江把文章送到《湖南日报》去发表。看完文章后，谢长江和袁隆平商量，说推广玉米稻是政府发文，而且现在发布不能播种玉米稻的消息肯定会对农科院的声誉造成巨大影响，是否考虑考虑再发出去。

袁隆平坚决地摇了摇头，坚持请他以最快的速度把文章送出去。他说，“如果不加制止，明年将给农民造成巨大损失，至于他们怎么看待我，不过是这段时间的事，事实会说明一切。”

谁也没有想到，文章送到湖南日报社后，报社表示不能发表公开与政府文件唱反调的稿子。谢长江愤愤不平地将消息告诉袁隆平。

袁隆平考虑片刻，当机立断将文件送到了湖南省农业厅。那儿有专业的农业专家，他们能懂得事情的严重性和紧迫性。果然，最后这篇文章以湘农业函（1993)种字113号公函的形式顺利地转发下去了。除了极少数坚决执行指示的领导，大多数地区并没有冒失地播种这种玉米稻。

尽管如此，这一事件还是造成一些地区当年的粮食大面积减产。绝大多数人群选择了默默地承受这飞来横祸。但是，其中也有一些愤怒的群众查清事实的源头后，纷纷向湖南农学院索赔。仅仅这一小群人，索赔总额就高达数百万元。

作为一个科研人员，越自由越好。你要有充分的时间用在专业上。

——袁隆平心语

那些原本对袁隆平牢骚满腹的同志，在这一刻懂得了袁隆平当初的良苦用心。

但是，别有用心的人又窜了出来，他们如愿以偿地抓到了袁隆平的新把柄，“出尔反尔”，“抬高自身，贬低同志”，“袁隆平一面举手赞成玉米稻通过鉴定，一面公开撰文贬损玉米稻的声誉，这是学术道德问题”；“袁隆平是害怕遗传工程稻的创举超过玉米稻的声誉，故有意压制，这是典型的学阀作风”。

消息传到中科院，造成的直接后果是，袁隆平在1994年院士评选中再次莫名其妙地落选。

谁来养活中国

1994年9月，美国一家研究所所长布朗发表论著《谁来养活中国》。他用大量的数据推算出，中国到2030年之后，人口预计会达到16亿以上。到时候，中国无法自己养活这个庞大的人群，全世界都会因此出现动乱。

这篇文章引起了轩然大波。一时间，怒斥者有之，辩驳者有之，恐慌者有之。

谈及此事时，袁隆平十分冷静地分析道，布朗向世界发出粮食危机的我坚信，靠科技，靠广大科技人员，中国人不仅有能力养活自己，而且还能帮助其他国家发展杂交水稻，造福世界人民。

——袁隆平心语

警告并不一定是恶意的。他引用的数据和例证从某种角度来说还是有一定的说服力。当时的世界，有超过八亿人处在饥饿之中，每天都有两万多人死于饥饿，其中有一半是来不及长大的年幼孩童。中国虽然解决了温饱问题，但是迄今为止，还是联合国的粮食援助国之一。布朗的观点虽然不失偏激，但是他的呼吁从某种程度上敲响了警钟，能引起各国政府对粮食安全问题的重视。

至于谁来养活中国，不容置疑的事实已经回答了这个带有历史偏见的质疑。新中国成立之前，粮食亩产平均不到70公斤，粮荒严重。然而到1995年，水稻平均亩产已经提高到340多公斤。杂交水稻优势大大提高了粮食产量。随着技术的进步，到2030年，即使保守估计，中国的人均粮食占有量也将达到六七百公斤。那时的中国，不仅不愁养活自己，还有望成为粮食出口国。

事实上，杂交水稻不仅拯救了中国的粮荒，还在某种程度上缓解了世界的粮荒。中国的杂交水稻，已经在越南、菲律宾、印度、斯里兰卡等四十多个国家生根发芽。越南于1993年引进杂交水稻之后，年增长一亿公斤，一跃成为亚洲第二粮食出口国。菲律宾开始种植杂交水稻之后，水稻单产提高了好几倍，正在走出缺粮的困境……

当然，纵使粮食前景可观，对于一个人口密集的大国来说，粮食安全问题应时刻引起警惕。当时的中国，正面临着谷贱伤农的问题。粮食收购价格低，老百姓种植粮食的积极性受挫。针对这一现状，袁隆平多次呼吁要设定最低保护价，保护农民积极性，保护当前有限的耕地。这年，中国政府出台了粮食最低保护价政策。这一政策起到了保护粮农的作用。

袁隆平名言

“我坚信，乌云遮不住太阳。”

“我没当选院士，说明我水平还太低，我还要努力学习，继续‘充电’，使自己的学问不断完善，不断提高。”

——谈多次被中科院拒绝

“评上院士，只不过是工资涨了一点，而我还是从前的我，并没有因评上院士而与从前有什么不同。”

——评选上院士的袁先生很淡然

“这事情发生在十几年前，当时，有人说我落选比人家当选更引起轰动，舆论也有很多批评，很多人为我抱不平。但我本人认为没当成院士没觉得有什么委屈的，这说明自己水平不够。有些省份甚至一个院士都没有，但并不能说明他们就没有科技成果。我搞杂交水稻研究不是为了当院士，没评上院士说明我的水平不够，应该努力学习；但学习的目的还是提高自己的学术水平，而不是为了当院士。”

“如何看待当选院士，对我个人而言，实际上是如何对待荣誉的问题。我没管这么多，我只管自己搞研究，我把能出研究成果，为粮食安全做出贡献，当作对我最大的肯定，也是我最大的安慰！”

“一个人倘若争取事业的成功，必须懂得宽容大度。”

“我坚信，靠科技，靠广大科技人员，中国人不仅有能力养活自己，而且还能帮助其他国家发展杂交水稻，造福世界人民。”

“中国人不仅依靠自己解决吃饭问题，而且还可以帮助发展中国家解决粮食短缺问题。”

“中国的发展说明中国人勤劳、有智慧的，说中国是‘文明古国’，这个荣誉称号是受之无愧的！”

“现代农业的科技含量越高，农民就越来越少，从事第二、第三产业的人也将越来越多，这是个好现象，说明社会在进步。如果一个国家农民占了70%—80%,说明生产力很低下，国家很落后。我们的国家在进步，农民大多数都出去打工去了，这是好事情，我认为我们国家的农民占到40%—50%就已经很不错了。”

——杂交水稻把农民变成了农民工

“新事物的成长总是要经过斗争的。尽管有人反对，嘲笑、挖苦、谩骂，无所不有，但每次都是党给了我们前进的力量。那时，我虽然担心自己可能被打成科研骗子，但想到有党支持，浑身就有劲了。”

十六 谈晚年生活

我也是90后，要与时俱进

袁隆平成了老百姓心中的“米菩萨”。一家资产评估事务所评定“袁隆平”品牌价值1008.9亿元……当凡人梦寐以求的荣誉蜂拥而来之时，袁隆平却觉得“光环太多很累”。

他婉拒了许多采访和活动。光阴似箭，他希望将更多的时间用在实验上。

袁隆平的一生，都在为人类告别饥饿而奋斗。就是这样一位令世界瞩目的伟大科学家，成为“巨星”后依旧过着朴素的生活。

生活中，袁隆平是一个风趣幽默、童心未泯的老顽童。闲暇时，他喜欢打球、游泳，而且鲜有对手。来客人时，他最喜欢请人吃米饭——最新的水稻品种。大家对米饭赞不绝口，他便会乐得开怀大笑。

袁隆平身上似乎有一股魔力，无论走到哪里，都能很快成为现场的开心果和核心人物。

熟悉的人都说，这是一个好玩的老头。

科学没有国界

1985年10月，联合国知识产权组织为袁隆平颁发发明与创造金质奖章和荣誉证书。

1987年11月，联合国教科文组织在巴黎颁发了年度科学奖，这是中国科学家首次获得的等级最高的世界性嘉奖。

1988年，美国让克基金会在伦敦授予袁隆平“农学和营养”奖。上个世纪末的世界并不太平。政治纷争、局部战乱此起彼伏。然而，科学是没有国界的。在相对纯净的科学领域，为世界人民做出巨大贡献的袁隆平，在国际上获得他应有的尊敬和一次次嘉奖。这些奖金，袁隆平几乎都悉数挪用到杂交水稻中心去了。

> 对钱不能看得太重。
>
> ——袁隆平心语

1998年6月24日，一家资产评估事务所通过长达210天的严格审查论证，评定“袁隆平”品牌价值1008.9亿元。这一消息被国内外媒体竞相报道。中国掀起了一场知识经济风暴。

这算是在中国历史上第一次对一个科学家的身价进行“估价”。在人们的潜意识中，科学家几乎意味着物质清贫下多年如一日埋头苦做实验。而杂交水稻创造的巨大经济价值，将它数据化时，无疑具有令人震撼的力量。于是，乘着杂交水稻的东风，中国科学家在某种程度上获得了史无前例的尊敬和全民关注。

当有人把这个消息告诉袁隆平时，他却举着一节稻穗说：“我要那么多钱干什么，我只要这个。”这就是一个科学巨匠对待巨额财富的态度。

老百姓心中的米菩萨

湖南省郴州市的农民曹宏球出生在20世纪60年代。这是一个饥荒的年代。

饥饿就像一个凶悍的魔鬼，把狰狞的双手伸向无辜的孩子。曹宏球出生时，微弱的哭声没有给这个徒有四壁的小家带来一丝欢喜。米缸里空空如也，连老鼠都不愿意光顾。饥饿的母亲没有奶水。这儿已经没有任何东西可以养活这个贸然闯入的小生命。

无奈的父亲用开满裂痕的手背悄悄地抹了一把眼泪，准备将孩子放到马路边，等待好心人收养。他用棉絮将孩子裹好，放进箩筐。当颤抖着手的父亲抱着箩筐准备出门时，在一旁暗暗垂泪的母亲突然冲到了门口，死死地抱住孩子，坐在地上号啕大哭。这可是怀胎十月的骨肉啊。在家家户户都揭不开锅、自顾不暇的年代，将这个苦命的孩子送到马路边，和送上黄泉路有什么区别?

看着恸哭的妻子和饿得睁不开眼睛的孩子，父亲心都碎了。他夺门而出，径直朝村书记的家里走去。这八尺高的汉子脸上凄切的深情让人无法不动容。村支书给了他十斤大米。这些大米拯救了一个嗷嗷待哺的生命。母亲将它磨碎，煮成粥。一家人得以度过这段最难熬的时光。

> 生活要有规律，要讲究健康的生活，这也是很重要的。
>
> ——袁隆平心语

在曹宏球的童年记忆里，只有一个字，饿。似乎永远都没有吃饱过。只有过年才能吃得上一顿真正意义上的白米饭。平常总是煮得很稀烂的粥，千篇一律的煮红薯吃得人直想吐。

直到杂交水稻开始在中国推广，家里才渐渐摆脱饥饿的魔鬼。

随着年岁见长，年少时的记忆让曹对粮食有一种难以言述的特殊感情。他耐心而细致地耕耘着每一块土地。他种出的稻谷总是比别人产量高。他还一有空闲就蹲在田间地头“搞研究”。他甚至培育出了一种没有籽的苦瓜，在当地很是引起一番轰动。稻谷产量高了，曹得以腾出更多的时间从事第二产业。他开始养蜜蜂。这些小精灵不仅成为一道风景，还为他赚了一些钱。

1995年，曹家里建起了崭新的楼房。这年春节，他郑重其事地在堂屋前贴上了自己写的春联：发家致富靠邓小平，粮食丰收靠袁隆平。横批：盛世太平。这幅著名的对联后来被许多媒体广为引用。这位淳朴的农民用朴素的对联代言了当时全中国老百姓的心声。改革开放的政策和杂交水稻的高科技，让中国农民过上了丰衣足食的生活。

袁隆平，这个普普通通的名字，在中国老百姓心目中成了一个美好的符号，它象征着富足的生活。告别饥饿，对于经历过深重苦难的百姓而言，曾经是多么奢侈的梦想啊。

在经济条件渐渐好起来时，曹有了一个大胆的想法。他想自费为袁隆平雕塑一尊汉白玉立体石雕像，以此表达自己的敬意和感恩。仔细斟酌后，他给袁隆平写了一封信，希望袁隆平能给他邮寄几张近照，作为雕塑的参照。

收到信后，在感动之余，袁隆平即刻给他回了一封信，婉拒了他的好意。劝说他千万不要把钱花在雕像上，希望他用这些钱扩大再生产，用以改善家庭生活。

“现在很多人说我是什么‘新神农’，我是不敢当的。我就是一个地地道道的中国农民，顶多在农民前面加两个字的定语：知识。”

但是，曹就像当初执意要追寻袁先生的段美娟一样，决心已定。湖南不生产汉白玉，曹独自踏上了寻玉之路。寻访无数家雕刻厂之后，曹于1996年秋天来到了河北曲阳县园林艺术雕刻厂。曹发现厂里的汉白玉雕塑栩栩如生，美轮美奂。他向厂家说明了自己的要求，预算出来后他吓了一大跳——完成这样一件作品至少要30万。而曹倾其所有也只能拿出5.8万元。然而，这并没有打消他发誓要完成雕塑的决心。他找到了厂长，讲述了自己的故事和对袁先生特别的感情。厂长和他年龄不差上下，也是曾经受到过杂交水稻恩泽的人。他完全能理解老百姓对袁隆平的特殊情怀。听完曹的讲述，他非常痛快地表示，建议曹交4.8万元，留1万元回家以备不时之需，其余的费用全部由厂家承担。

现在很多人说我是什么“新神农”，我是不敢当的。我就是一个地地道道的中国农民，顶多在农民前面加两个字的定语：知识。

——袁隆平心语

四个月后，这座特别的雕塑宣告成功。一个普普通通的老百姓自费为科学家制作雕塑，在中国史无前例。

开学第一课

声名鹊起后，袁隆平婉拒了许多媒体的专访和活动。他希望将更多的时间用在实验上。但是，只要是活动方表示是为了孩子，为了祖国的未来，袁隆平总是义无反顾地腾出时间配合。

2010年秋，在央视首播的《开学第一课》以梦想为节目宗旨。导演想到了请袁隆平先生参与宣传片的拍摄。第一次联系时，意料之中地被拒绝了。导演请秘书转告袁先生，他们的目的在于鼓励全国的小学生勇于追寻自己的梦想。

袁隆平答应了。拍摄当天气温达到40℃。年近八十岁的袁隆平精神矍铄地坐在镜头前。他只给自己留了二十分钟的时间。所有的工作人员都很紧张。以他们的经验，这样的拍摄至少要重复好几次。然而，令所有人出乎意料的是，袁隆平只看了一遍台词，然后就几乎一字不漏地全部说了出来。如行云流水，一气呵成。然后他看了一下手表说，对不起，时间到了。和大家告别之后，他立刻回到了实验室，投入研究之中。

留下一屋子的工作人员面面相觑，目瞪口呆。这可是他们拍摄得最轻松的一期节目！科学家的专注和非凡记忆力再一次令人折服。

> 每天坚持下田是我长期以来养成的习惯，下田好啊，看绿色，晒太阳，呼吸新鲜空气，这样不会缺钙。
>
> ——袁隆平心语

“我本来就是一个农民”

“100位新中国成立以来感动中国人物”，“新中国成立以来最具影响的劳动模范”……当世人梦寐以求的荣誉蜂拥而来之时，袁隆平却觉得“光环太多很累”。几乎每天都有全国各地的记者蹲守在大院里等着采访。

袁隆平很发愁，采访每天都有，这怎么得了。然而，只要是秘书安排好的采访，善良的袁隆平总是十分认真细致地配合，从来不摆一点架子。在任何场合，幽默而睿智的谈吐都能很快让他成为现场的核心人物。

每年八月，袁隆平都要安排一个“躲生日”的计划。每逢生日将近，袁隆平都会收到来自全国各地的鲜花。八十大寿那年，袁隆平早早表示要“躲起来”，工作人员劝他，您躲到哪儿去都会有人认识您啊。袁隆平还是紧锣密鼓地布置躲猫猫计划。邓哲提前一个星期就从家里“消失”了。生日那天，很多慕名赶来的人都没有见到平常很少出门的袁隆平。他早就跑到外地和妻子会合啦。他只想和家人安静地待在一起，不愿意给别人添一点麻烦。

唯独2005年生日那次，他没有成功地躲起来。因为这天，温家宝总理来到国家杂交水稻研究中心视察。总理特地派人送来了生日蛋糕和鲜花，陪袁隆平度过了一个难忘的生日。

袁先生八十大寿时，收到了来自全世界各地的祝福。他乐呵呵地来了一句：“我也是80后。”现场笑翻了一片。

让袁隆平感觉最自在的地方，永远是在试验田里。还要有那么多计划要完成，他心急如焚。袁隆平挽着裤脚，站在绿油油的稻田边，凝望着起伏的稻浪，这已经成为一道试验地的风景。

多年以前，一家报社引用了这张照片，照片的注释是一位老农看着绿油油的稻田笑得合不拢嘴。当时的报社没有人认识袁隆平。后来，照片的真相意外被人发现了。报社上下都忐忑不安。没想到，事情传到袁隆平耳朵里，他竟然哈哈大笑，说：“我本来就是一个农民。”

> 我的心态永远年轻。
>
> ——袁隆平心语

“巨星”的平民生活

杂交水稻结束了常规水稻几千年来增产缓慢的历史。在这个地球上，依旧有60%以上的人依赖水稻生存。就是这样伟大的一项高科技，袁隆平不曾利用它为自己谋取过丝毫私利。1999年10月26日，中共中央在北京人民大会堂举行小行星命名仪式，有一颗星星被命名为袁隆平星。

袁隆平的一生，都在为人类告别饥饿而奋斗。就是这样一位令世界瞩目的伟大科学家，成为“巨星”后依旧过着朴素的生活。生活中，他是一个风趣幽默、童心未泯的老顽童。

有一次，记者采访袁隆平时，夸他在一场现场直播中小提琴演奏得太棒了，袁隆平非常诚实地摇了摇头说，我是南郭先生，只是在前面做样子，导演安排了高手在后面演奏。他甚至曾经悄悄地和自己的朋友说，电视剧《袁隆平》他都不好意思看。

袁隆平喜欢下棋，而且棋艺高超。院子里的年轻人都不是他的对手。为了表示自己的慨然大度，他总是喜欢让人棋子。结果一让就老输。输掉他还是喜滋滋的，嘿，因为我让你子儿才输嘛。他喜爱运动，无论工作多么繁忙，几乎每天下午都会抽时间打排球。他还多次获得湖南省农科院游泳比赛的冠军。每次游泳，他总是将单位的年轻人抛在身后，第一个达到终点。

袁隆平就是这样过着健康充实的日子。袁隆平的保健医生张卓才曾经总结过袁院士身体健康的五大原因：心态好，很少发脾气，幽默乐观；生活有规律，晨练、上班、打排球、看新闻联播、晚上看书、下棋等等，安排得满满当当；从未停止过锻炼，天天下田，既锻炼了身体又呼吸了新鲜空气；善于用脑；常年晒太阳。

袁隆平有一个嗜好。只要家里来了客人，他就会十分慷慨地说，请你们吃饭，吃最新出来的水稻新品种。客人大多欣喜若狂。这时，袁隆平一定会十分专业地强调一句：“吃这个品种，要按照我的要求兑水煮饭哦，米与水的比例要一比一，不这样的话，不好吃就不怪我了。”大家哄堂大笑。

> 快乐的秘诀，是要有追求，有希望，身体好。
>
> ——袁隆平心语

偶尔忙中偷闲时，袁隆平喜欢和助手们一起打麻将，而且对打麻将还有很特别的规矩——不赢钱，谁输谁钻桌子。大家都老想看袁先生钻桌子，所以他格外用心打以免被抓到现场。有一次运气不好，输了。愿赌服输，袁隆平钻桌子时，看官准备好了相机打算把这经典的一幕拍下来。可惜令人遗憾的是，袁隆平身手麻利，一下子就钻过去了，结果拍照者只排到了动作慢的那个。

多年南征北战的育种工作，让袁隆平养成了守时惜时的好习惯。不管面对的是什么人，约好的事情他一定会做到，对待每一件事都很认真。有一次，一位艺术家和袁隆平约好到试验田拍照。到了田里，有人过来请他去处理别的事情，袁隆平不高兴了，说，这边答应了人家拍照，怎么能反悔呢？

坐飞机出行时，袁隆平总是选择经济舱。有一次，买机票的同事考虑他最近工作特别辛苦，为了让他在飞机上好好休息一下，就买了头等舱的票。登机前，袁隆平发现是头等舱，硬逼着送行的工作人员退掉头等舱，换了经济舱。

向来对自己很小气的袁隆平对别人却一直特别仗义。他带过的博士生中，有一个家里条件很窘迫。听说学生父亲生病住院，到处急着筹钱。赶紧从自己的工资卡上转给两千块给学生。

有人这样评价袁隆平：学者和平民之间，隔着一片苍翠的原野，如果学者穿越这片原野，他就会成为一位圣贤。

“这是一个好玩的老头儿”

熟悉袁隆平的记者，总是说他身上有一股魔力，无论走到哪里，都能很快成为现场的开心果和核心人物。身边的人说，对于袁隆平最恰当的描述应该是：“这是一个好玩的老头儿。”

有一次，一个老朋友偕同老伴前来看望他，临别时一起留影，袁隆平直往旁边站。老朋友十分敬重他，连忙要求他站在中间。袁隆平连连摇头，说：“我这不是第三者插足吗？”

> 人要吃饭、穿衣。要生存，没有钱不行，但一定要来路正，靠自己诚实的劳动获得。
>
> ——袁隆平心语

在一部主题为名人童年的电视剧中，一个叫姜维羽的小演员扮演童年时的袁隆平。导演带着小演员来湖南省杂交水稻研究所收集素材。袁隆平好奇地问：“就是他要演小时候的我？”

“是啊是啊，您看这孩子和你小时候长得像吗？”导演问。

“不像不像，这孩子多漂亮啊，我小时候很丑的。袁隆平连连摇头，大家都被逗乐了。”

虽然不会上网、不用手机，袁隆平却有时髦的爱好，打排球、听音乐、跳踢踏舞、游泳，甚至是飙车。

有一次，从外地出差回来还没有来得及给家里的小朋友买玩具。袁隆平灵机一动，说，我给你们带来了一个大玩具。说完就自己扑到地上，给孩子们当马骑。正当玩得不可开交的时候，同事来串门。袁隆平自嘲道，我这是俯首甘为孺子牛哇。

一个记者在采访时称呼他为伟大的科学家，袁隆平正色道：你是说我尾巴大吧。尾巴大也好，就不会翘起来。

有一次，袁隆平去国外开会回来，要直接从北京赶到安江农校办事。

列车途中会经过长沙。考虑到出差时间不算短，他牵挂着杂交水稻中心的工作，提前打电话给单位的同事，想利用列车在长沙站的停留时间和他们交流工作。列车准时到达长沙站，几位同事早早地在站台等候。袁隆平说，选关键问题谈，你们谈五分钟，给我留五分钟。于是，在人来人往中，几个大男人站在车门旁热烈地交谈起来。眼看列车就要启动了，年轻的列车员急了，大声催促道："几个大老爷们儿婆婆妈妈的，有什么告不完的别嘛。"袁隆平匆匆地上了车，还隔着窗玻璃不停地向站台上的助手做手势。列车员一脸莫名其妙地走了……

一次出差回国，袁隆平和一位年轻歌星乘坐同一趟航班到达国内。他们走下飞机舷梯时。歌星被疯狂的粉丝围得水泄不通，却没有人来给袁隆平接机。事后，有人愤愤不平地抱怨。

袁隆平却笑了："歌星是面对面地为人民服务的，我们却是背对背地为大家服务的。"

> 好书如同太阳，能够给人们带来光明和温暖。
>
> ——袁隆平心语

"面对人群，怎么去思考和试验呢？"朴素的两句话，令人肃然起敬。

2006年，在"两岸新闻媒体湖南行"的记者招待会上，记者们都为幽默风趣的袁隆平所倾倒。一位记者尖锐地提问道："是否想过把辛苦得来的科研成果对台湾水稻界保密？"袁隆平朗声道："那要看对哪些人保密啦，这个东西内外有别是不是？台湾是我们的同胞，我们大家没什么可保密的，当然是分享成果啦。说老实话，我一点也不愿保什么密，我个性是这样。"

袁隆平自己发明了一个句子——How young are you?他解释道，英语一般问多大，都是说How old are you,这个句子是我发明的，意思是青春几何啊。现场调皮的小朋友问他：How young are you? "I am 77 years young."袁隆平微笑着用英语作答完毕，解释道，我回答青春77岁，表明我还年轻。现场乐翻一片。

为世界水稻研究做出巨大贡献的袁隆平，没能得到足够的票数当选中国科学院院士，却以全票当选筛选条件更为严格的美国科学院外籍院士，引起广泛议论。2006年，中国科学院院长路甬祥表示，袁隆平当年完全有资格当选中科院院士，之所以没有当选，"是一个历史的误会"。记者就这个问题询问袁隆平时，当听到"历史的误会"这句话时，77岁的袁隆平憨厚地笑了起来，“路院长讲得很幽默”。

袁隆平的生活很简朴，但是他又喜欢穿新衣服。他总是那个理由，“显得尊重一些”。有一次，他甚至一次性买回7件白色衬衫。当然，总共才花了一百块。这可把他乐坏了。偶尔有空到商场购物，他最爱买的是衣服、领带、皮鞋。他总是对身边的人循循善诱，买衣服一定要买便宜的。因为“那样可以买很多，每天就可以穿新的了，新衣服上身，感觉就是不一样，神清气爽”，这个听上去很合理的理论让大家捧腹大笑。

袁隆平最喜欢对客人说的一句话就是——我请你吃饭。这个“饭”是指最新的杂交稻品种。有一次，港澳台等地的记者采访袁院士。袁院士又请他们吃饭。杨澜平时只吃一碗饭的，那次竟然吃了三碗。所有的记者们都夸“超级稻好吃，比泰国米还要好”，这可把袁隆平乐坏了。有一位记者告诉袁隆平自己老家是江西星子，跟他祖籍江西德安相邻。袁隆平惊讶地说：“那我们就是老乡，都这个时代了，我们就不泪汪汪了。”说完，他自己也哈哈大笑起来。

人民最爱的“热搜榜主”

在中国，袁隆平应该是知晓度最高的科学家之一。近些年，袁隆平成了人民最爱的“热搜榜主”。

2011年9月，杂交水稻亩产已超过900公斤。世界水稻史再次书写浓墨重彩的一笔。

当年，不少人认为水稻产量已临近极限，袁先生却豪迈许下承诺：我在追求一个900公斤的“姑娘”。他“追求”成功之后，马不停歇又有了新的目标。

2015年，袁隆平卸任国家杂交水稻工程技术中心主任职务。然而，他没想过真正退休，仍然每天忙于工作。三年后，三亚水稻国家公园的有机掩盖膜直播实验示范田的“超优千号”水稻测产验收，亩产远远超过1000公斤。

袁隆平90岁生日，他朗声大笑：“现在我也是90后了，我要与时俱进。我估计我没得休退了，我身体好得很，我还能工作。”袁先生的语录被热传。说到梦想，他自喻自己像贪财的人：“百万富翁想千万，千万富翁想亿，我贪产值……1000公斤到1100公斤，最终1200公斤，仍不满足，因为这是一个有意义的事情。”

谈到自己的生日愿望，他坚定地竖起了两个手指：第一是向亩产1200公斤攻关；第二个就是希望杂交水稻能够走出国门，为解决世界粮食短缺的问题做贡献。

2019年6月，在长沙举办的中国—非洲经贸博览会上，袁隆平献上一段流利的英文致辞，朗声道："我们愿意帮助其他国家一起解决粮食问题"。全国网友纷纷点赞，"袁隆平飙英语"成为占据热搜榜很长时间的热词。

农学是挽着裤脚，在日晒雨淋的田间埋头苦干；农学是数年如一日，默默耕耘在貌似冷清的学术领域；农学也可以站上国际论坛，用高精尖的技术助力世界变得更美好。

这一年9月17日，袁隆平参加湖南农业大学开学典礼的消息在网上引起轰动，全校师生都为之沸腾，"校园秒变巨型追星现场"，听了他的演讲，有学生"热泪盈眶"。

一段袁隆平的采访视频在网络热传，他妙语连珠，十分幽默。"90后梗王袁隆平"的话题冲上热搜，阅读超过3个亿。

"我身体还很好咧。我是老骥伏枥、志在千里啊。我们学农的身体好，经常能到田野里呼吸新鲜空气，每天都能晒太阳。"

"我带学生的第一个要求就是他们必须下田，不下田我不带。现在书本知识很重要，电脑技术也很重要，但是书本里面、电脑里面是长不出水稻的，我们学农的，一定要实践。"

"我的健身秘诀是经常游泳，不吃肥肉，不想变成胖子。"

"我发音是可以的，他们觉得我是语言天才……"

全国人民都在热议——"原来你是这样的袁隆平"。

2019年9月29日上午，中华人民共和国国家勋章和国家荣誉称号颁授仪式在人民大会堂举行，袁隆平院士等8人被授予"共和国勋章"。前往北京领奖的前夜，他在镜子前整理衣着，兴奋得像个孩子。戴着"共和国勋章"，袁隆平说："明天第一件事，就是下地看看。我满脑子都是稻子的事情。"

共和国勋章，是中华人民共和国的最高荣誉勋章。袁隆平称，自己得过很多奖，被授予共和国勋章"最隆重、最庄严"。

袁隆平名言

“我有70多岁的年龄、50多岁的身体、30多岁的心态，更有20多岁的肌肉弹性。”

——被美国一个机构评为八个有魅力的男人之一

“我的心态永远年轻。”

“别小看打麻将，打麻将也锻炼人的心性。有人一看到手上的牌不好，就摇头叹气，这种态度不可取。麻将里有辩证法。就是最坏的点数牌，只要统筹调配、安排使用得当，也可能以劣胜优；你要是胸无全局、调配失利，再好的牌拿在手里，也会转胜为败。”

“生活要有规律，要讲究健康的生活，这也是很重要的。我吃饭以素食为主，常吃粗粮。饮食定时定量，每天三餐，多吃米饭和红薯等粗粮，少吃一点鱼、肉。一天大概二两荤菜，补充蛋白质，再多吃些水果，很简单。补药从来不尝，粗茶淡饭，适当营养，只要卫生和营养就行了。我现在的体型保持得很好，不胖不瘦。我每天早上要做体操，下午要打球，夏天还要游泳。我现在精力充沛，看来脑筋还管用，身体还很好。”

“我从小就喜欢身体锻炼。我们现在经常搞比赛，我还连续几年在我们农科院得游泳冠军呢，在短距离50米年轻人都游不赢我，但我耐力不行了，只是我的技术好。除了游泳，我还打排球，打排球我是主攻手。这是我每天的必修课。晚上，一般要下下象棋，轻松一下。生活内容充实，心情也开朗。”

“我认为脑子要多用，尤其是学外语，可以有效地延缓衰老。脑子越用越灵活，人年纪大了最怕得老年痴呆，现在看来，我脑筋还管用。”

“每天坚持下田是我长期以来养成的习惯，下田好啊，看绿色，晒太阳，呼吸新鲜空气，这样不会缺钙。关在屋子里手脚发痒，下田搞实验，才有乐趣。”

“现在很多人说我是什么‘新神农’，我是不敢当的。我就是一个地地道道的中国农民，顶多在农民前面加两个字的定语：知识。”

“我觉得，人就像一粒种子。要做一颗好种子，身体、精神、情感都要健康。种子健康了，我们每个人的事业才能根深叶茂，枝粗果硕。”

“快乐的秘诀，是要有追求，有希望，身体好。你追求的东西，如果再怎么努力都没有希望实现，不会快乐。一天到晚想着名利得失也不会快乐。”

看到自己的画像，自己的塑像，我很不好意思。我要避开呀。毛主席说，人怕出名猪怕壮，这是对的。越有钱、名越大，越不自由。尼赫鲁在自传上说，他看到老百姓和他们的老婆孩子在一起，到处玩，很自由，他很羡慕。

“人要吃饭、穿衣，要生存，没有钱不行，但一定要来路正，靠自己诚实的劳动获得。有了钱，要用在正当处，既不挥霍浪费，也不吝啬小气。我喜欢朴素的生活。”

“好书如同太阳，能够给人们带来光明和温暖。”

“我获得的奖有两个系列，国际上的奖我最看重的是联合国知识产权组织颁发的杰出发明家奖，国内的奖是国家最高科学技术奖。”

——有人问袁隆平在获得的众多奖励中看重哪一个奖

“我是个育种家，育种家如果不与土地打交道，难道叫我闲待着安逸享乐不成？”

“对钱不能看得太重。我对钱是这样看的。钱是要有的，要生活，要生存，没有钱是不能生存的。但钱的来路要正，不能贪污，不能受贿，不搞什么乱七八糟的。另外，有钱是要用的，有钱不用等于没有钱。但该用的用，不挥霍，不浪费，不小气，不吝啬。对于我个人来说，吃东西要适度，吃多吃太好还会有碍健康。”

“我现在穿的裤子是在汕头买的，50元钱，好得很呀。我现在穿的衣服20多元。我有一件高级鳄鱼牌衬衫一件360元，是那次在中央电视台做《新世纪科技论坛》时电视台买的，我后来就给自己的小孩穿了。我看和我常穿的是一样的，可能因为我皮肤粗糙，觉不出好坏。我买皮鞋从来是买100多元钱的，像那700多元的从来不买。”

“南京天文台要我去看那颗小行星，但我没有去看。那颗星好大，直径有1万米，10公里。小行星麻烦呀，会闯祸的，如果直径1千米的撞地球，比几亿吨级的氢弹还厉害。但我的那颗星是循规蹈矩的，不会坏事。”

“没有，绝对没有。主要原因是我现在还童心未泯。我的个性就是这样子。我不喜欢古板，不喜欢一本正经。我受父亲的影响。我父亲算个文化人，他不摆架子，对谁都像朋友一般对待。”

——被记者问及是否会有高处不胜寒的感觉

“我的生活很丰富，因为生活本身就丰富；工作也很愉快，能为国家、为人民做自己应做的贡献是最愉快的。我的工作就是生活的一部分。”

“奥运会使中国充分显示了立于世界民族之林的能力。同时，火炬的传递更是中华民族精神的传承。古人有‘先天下之忧而忧，后天下之乐而乐’的情怀，当我手持火炬时，感到的是一种拼搏和超越的力量。”

“我现在还不想退休，再者国家也不让我退休啊。”

——七十九岁的袁先生回答记者何时退休

“你们记者来了要拍个照，我总是觉得，哎呀，糟糕了！有一次，我看到一张爱因斯坦的工作照，他的办公桌比我的还乱！哈，那个衣服也是不修边幅啊，我说不怕了不怕了，凌乱里有凌乱美！”

——袁隆平自嘲被记者突袭时办公桌很乱

“其实，我是真想躲起来做点事情。怕没时间搞科研，没时间指导博士生。时间多宝贵呀！”

——袁隆平害怕被记者堵截

“嘿嘿，和艺术家一样，科学家也需要灵感嘛！刘诗昆是我的好朋友，上次我们是一起上台表演了。但那是闹着玩的，弹钢琴我肯定比不过他，但是种水稻，我有信心把他比下去。”

——袁隆平曾和国际钢琴大师刘诗昆同台演出

“这是我的职业啊，离开了农田我无所事事，那就麻烦了。一个人，有些人退休之后就有失落感，如果没有农田，我就有失落感。那我做什么事，我只看书不下田，看了有什么用，是不是？”

后记

HOU JI

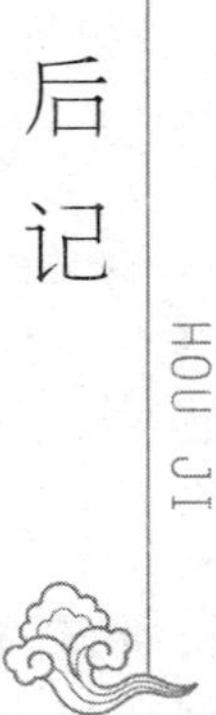

第一次见到袁先生，是十年前，邓湘子老师带我们去拜访他。我们在做一份非常美好的少儿刊物《小学生导刊》，袁先生曾欣然为刊物题词。

我又紧张又好奇，跟在邓老师身后走进袁先生的书房。书房里，一张朴素的沙发背后的墙壁上，挂着一幅“禾下乘凉梦”图。袁先生伸过来的大手温暖而有力，瞬间稀释了我心中因敬仰而生的忐忑。他朗声大笑时的神情，让你忍不住怀疑眼前的他已近耄耋之年。

谢长江老师带我们参观杂交水稻陈列室，谈起袁先生一路走来的艰辛历程。在他朴素的讲述里，我惊讶地发现，原来杂交水稻璀璨的光芒背后，竟然隐藏着这么多跌宕起伏的故事。

多年过去，那一日的震惊我至今未忘。

而我何其有幸，得此机会去回溯袁先生传奇的一生。感谢邓湘子老师和张中良先生的大力支持和一路鼓励，促成了这本书的诞生。

越走近袁先生，内心的景仰愈甚。我这支拙笔，怎能完整勾画出这一史书般波澜壮阔的征程？我只能像潜入深海的鱼一样，试图打捞那些易被人忽略的温暖细节，还原那些触动人心的瞬间，努力呈现一个有血有肉的袁隆平。

他日日埋首试验田、肤色黝黑发亮，谁人看出他出身于书香门第，在大城市长大，从小宠爱等身？

他教书时个性另类、将山野当课堂用衣袖擦黑板，却也写得一首羞怯的小情诗，在而立之年遭遇一场轰轰烈烈的师生恋。

他是一位伟大的科学家，亦是一位迷人的男人。他接受20世纪的传统教育长大，却终生不曾有迂腐的夫子气。他游泳鲜有对手，小提琴拉得风生水起，还会跳踢踏舞。他也曾拊掌大笑，称“怕老婆是美德”，惹得一众女记者艳羡不已。

他看上去那么强大、坚不可摧，却也曾为前路彷徨犹疑，为试验地被毁而恸哭失色。

他功成名就、身价千亿，却只肯穿廉价衬衣，出行只选经济舱。

他生性自由散漫，又不肯低头，这样桀骜清高的知识分子，曾遭迫害，却受到更多人明暗中的保护……

黑暗中，总有微光，一次次力挽狂澜拯救杂交水稻于危难之际。所有这些令人动容的瞬间，纵使年代久远，依旧余温尚存。

这是一本倾注了感情的小书。在写作过程中，我试图将自己融入情节的起伏中，与故事里的人同悲同喜。我亦渴望，这在一个个瞬间中收藏的温度能点燃一簇小小的火花，让你愿意就着这盏微烛的光，去窥探向来被冷落的朴素农学背后的艰辛和美。愿它能在某个瞬间触动你的心。

这是一个真实的传奇。一位普普通通的偏远农校老师，为通往不再饥饿的世界推开一扇门。杂交水稻每年养活了数以亿计的人口。他是天下粮仓。

中国有许多像袁隆平这样的科学家。从懵懂少年直到两鬓斑白，他们为民生国计倾尽毕生心血。我们不能忘记他们。

2021年5月22日，袁隆平先生在长沙逝世。人们怀着悲痛，纷纷前往医院、殡仪馆等地献花。追悼会这一天，自发去殡仪馆送别袁老的人群绵延数公里，洁白的菊花拥簇成了一座座小山，一张张卡片上写着人们的深情和不舍。有白发苍苍的老人、怀抱着婴儿的年轻夫妇从外省赶来，眼里默默含着泪水。

人民日报刊文《“杂交水稻之父”袁隆平院士——一稻济世　万家粮足》追忆。多国媒体和国际人士纷纷发文致敬，对袁隆平先生为人类所做的贡献表示感谢。

“老爷子没有留下遗言，但他还能讲话时，念念不忘的还是杂交水稻事业，希望弟子们把杂交水稻事业发展好，把杂交水稻推广好。”在中南大学湘雅医院的病房里，袁老的家人哽咽着说。

我们会铭记这个梦想。

这本书完成于2011年秋天。十年后的今天，杂交水稻的种子已播撒到全球40多个国家，每年种植面积700万公顷。中国杂交水稻年种植面积已达2.4亿亩，仅每年增产的粮食就可养活8000万人。

巨匠已逝，功勋刻在大地上，稻浪的歌声永远流传。

有袁隆平，中国幸哉，世界幸哉。